VERFASSUNGSGERICHTSBARKEIT, GESETZGEBUNG UND POLITISCHE FÜHRUNG

CAPPENBERGER GESPRÄCHE DER FREIHERR-VOM-STEIN-GESELLSCHAFT

Band 15

VERFASSUNGSGERICHTSBARKEIT

GESETZGEBUNG

UND POLITISCHE FÜHRUNG

EIN CAPPENBERGER GESPRÄCH

Referate von

Friedrich Schäfer und Gerd Roellecke

GROTE

1980 by G. Grote'sche Verlagsbuchhandlung Köln
Alle Rechte vorbehalten
Gesamtherstellung: Druckerei Schertgens GmbH · Köln-Porz
Printed in Germany 1980
ISBN 3-7745-6439-6

INHALTSVERZEICHNIS

Einleitende Worte sprach
Erster Landesrat a. D. Dr. Helmut Naunin
Vizepräsident der Freiherr-vom-Stein-Gesellschaft

Grußwort der Stadt Nürnberg
Berufsmäßiger Stadtrat Dr. Hermann Glaser

Grußwort der Bayerischen Staatsregierung
Ministerialdirigent Konrad Kruis

Grußwort der Friedrich-Alexander-Universität Erlangen-Nürnberg
Professor Dr. Nikolaus Fiebiger

Es referierten
Professor Dr. Friedrich Schäfer, MdB
Bonn

Professor Dr. Gerd Roellecke
Mannheim

Das Gespräch leitete
Professor Dr. Klaus Stern
Köln

An der Diskussion beteiligten sich
Dr. Diether Bischoff
Präsident des Verfassungsgerichtshofs für das Land Nordrhein-Westfalen,
Münster

Professor Dr. Dr. h. c. Ernst Friesenhahn
Richter am Bundesverfassungsgericht a. D., Bonn

Ministerialdirigent Konrad Kruis
Bayerische Staatskanzlei, München

Professor Dr. Helmut Quaritsch
Speyer

Professor Dr. Hans Heinrich Rupp
Mainz

Regierungsdirektor Dr. Wolfgang Zeh
Bonn

Professor Dr. Wolfgang Zeidler
Vizepräsident des Bundesverfassungsgerichts, Karlsruhe

Professor Dr. Reinhold Zippelius
Erlangen

Stellungnahme zur Diskussion
Professor Dr. Friedrich Schäfer, MdB
Bonn

Professor Dr. Gerd Roellecke
Mannheim

Schlußwort
Professor Dr. Eberhard Laux, Landrat a. D.
Vorstandsmitglied der Wirtschaftsberatung AG, Düsseldorf
Vizepräsident der Freiherr-vom-Stein-Gesellschaft

Dr. Helmut Naunin

Erster Landesrat a. D.

Vizepräsident der Freiherr-vom-Stein-Gesellschaft

Einleitende Worte

Meine Damen und Herren, liebe Mitglieder, Gäste und Freunde der Freiherr-vom-Stein-Gesellschaft! Bevor ich stellvertretend das 16. CAPPENBERGER GESPRÄCH durch einen Gruß einleite, habe ich eine überaus traurige Pflicht zu erfüllen: des Todes unseres Präsidenten Professor Gustav Stein zu gedenken. Er ist am vergangenen Sonntag während einer Tagung, die er geleitet hatte, völlig unerwartet gestorben. Heute, am Tage, da er in seinem Heimatort zur letzten Ruhe getragen wird, wollen wir seiner voll tiefer Trauer gedenken, die ich mit einigen Worten zusammenfasse.

Gustav Stein, vor 11 Jahren mit dem Vorsitz im Präsidium unserer Gesellschaft betraut, hat schon von Jugend an dem Freiherrn vom Stein ein besonderes historisches und politisches Interesse gewidmet. Seine lautere Persönlichkeit, sein tätiges Interesse für den Gemeingeist, das ihn mit dem Freiherrn vom Stein verband, sein kluges Einfühlen in die akuten Probleme unserer Zeit und seine Fähigkeit zum Kontakt haben das letzte Dezennium unserer Gesellschaft in ihrer Arbeit geprägt und bereichert. Hören wir einige Sätze, die er selbst über die Aufgaben unserer Gesellschaft im staatspolitischen Bereich in den letzten Jahren geschrieben hat: „Wenn man nicht kurzatmige Rezepte sucht, sondern grundlegende Gesinnungen und Ansichten, muß es auch in einer verwalteten Welt möglich sein, wenn nicht alle, so doch eine große Zahl von Bürgern in eine unmittelbare Beziehung zur Mitverantwortung und Mitwirkung zu ihrem Gemeinwesen zu setzen. Es muß möglich sein, daß eine große Zahl von Verantwortlichen im Staat und in den Gruppen der Gesellschaft ihr Verhalten nicht allein nach dem Gesetz und dem gerade noch Erlaubten richtet, sondern nach einer moralischen Verpflichtung". Ich glaube, wir werden an diesen Grundsätzen, die er in unserer Gesellschaften gesucht hat, festhalten, und so wird Gustav Stein in unserer Gesellschaft weiter leben.

Ich danke Ihnen, daß Sie sich zum Gedächtnis unseres verstorbenen Präsidenten erhoben haben.

Meine Damen und Herren, im Sinne unseres Präsidenten hat das Präsidium sich entschlossen, das heutige 16. CAPPENBERGER GESPRÄCH nicht abzusagen, sondern auch ohne ihn durchzuführen. Es wäre ohnehin zu spät gewesen, es umzuändern.

Ich eröffne unsere Tagung mit einem herzlichen und dankbaren Willkommen an alle, die unserer Einladung gefolgt sind. Einen besonderen Dank sage ich der Bayerischen Staatsregierung, der Stadt Nürnberg und der Universität Erlangen-Nürnberg, deren Interesse durch Grußworte unterstrichen werden wird. Wir werden diese Grußworte hören in der Reihenfolge, wie sie im Programm vorgesehen sind. Es wird zunächst sprechen Herr Stadtrat Dr. Glaser, der uns gestern Abend im Kreis derer, die

1

schon eingetroffen waren, in einer sehr freundlichen und auch äußerlich schönen Weise im alten Fembo-Haus empfangen hat. Es wird dann an Stelle von Herrn Staatssekretär Dr. Vorndran Herr Ministerialdirigent Kruis von der Staatskanzlei, Leiter der Verfassungsabteilung, sprechen, weil Herr Staatssekretär Vorndran unerwartet nach Israel abgerufen worden ist; es spricht dann Herr Professor Dr. Fiebiger, Präsident der Friedrich-Alexander-Universität Erlangen-Nürnberg.

Ich danke unserem Freunde, Herrn Professor Dr. Stern, daß er anschließend das Gespräch einleiten und leiten wird.

Wir führen heute Gedankengänge fort, die zur Frage der Regierbarkeit der parlamentarischen Demokratie bereits im vorigen Jahr in Mainz anklangen und die damals insbesondere von dem Vizepräsidenten des Bundesverfassungsgerichts, Herrn Professor Dr. Zeidler, den ich hier in unserer Mitte herzlich begrüße, aufgegriffen worden waren.

Bei dem heutigen Thema „Bundesverfassungsgericht, Gesetzgebung und politische Führung" geht es letztlich um den gedeihlichen Ausgleich im pluralen Zusammenspiel der politischen Kräfte, die sei es durch die Verfassung eingesetzt sind, sei es sich in der Gesellschaft aus Gruppeninteresse oder personaler Verantwortung bilden.

Unser an erster Stelle genannter Berichterstatter, der Bundestagsabgeordnete Professor Dr. Friedrich Schäfer, kann es leider nicht ermöglichen, seinen Vortrag selbst zu sprechen. Er ist vormittags in Bonn unabkömmlich, wird aber mit Hilfe eines Hubschraubers zu Beginn der Diskussion hier sein und am Gespräch teilnehmen. Der Versuch, die Vorträge, die die beiden Herren bereits ausgearbeitet hatten, untereinander auszutauschen, ist aus verschiedenen Gründen leider nicht gelungen, aber ich glaube, die Diskussion wird in ihrer Spontaneität dadurch nicht leiden, daß der Vortrag des Herrn Schäfer von dessen Mitarbeiter, Herrn Günter Hoffman, hier vorgelesen werden wird. Anschließend spricht Herr Professor Dr. Roellecke.

Wir danken den beiden Vortragenden für ihre Bereitschaft und die Mühe, die sie mit der Vorbereitung unserer Tagung gehabt haben. In diesen Dank beziehe ich Herrn Dr. Jeserich herzlich ein, der heute an der Beisetzung unseres Präsidenten Gustav Stein teilnehmen wird.

Die für den Nachmittag bereits vorgemerkten Diskussionsbeiträge, die im Programm aufgeführt sind, können leider nicht zu 100% erfüllt werden, weil nicht alle Herren abkömmlich waren; aber die Methode hat sich bewährt, weil sie den Beginn des Gesprächs erleichtert und geeignet ist, auch neue Akzente zu setzen. Natürlich sollen sie andere, insbesondere auch während der Diskussion spontan auftretende Meldungen und gerade praktische Hinweise nicht ausschließen, sondern im Gegenteil ermuntern.

Nach der Diskussion werden die beiden Herren Vortragenden Schlußworte sprechen; der Gesprächsleiter wird sie vielleicht zusammenfassen wollen. Herr Professor Dr. Laux, der weitere Vizepräsident unserer Gesellschaft, wird dann die Tagung mit einer Art Fazit, im wesentlichen aber mit einem herzlichen Dank abschließen.

Erlauben Sie mir noch, wie Professor Stein es zu tun pflegte, einige Hinweise auf Ziele und Wege der Freiherr-vom-Stein-Gesellschaft zu geben im Hinblick darauf, daß wir zum ersten Mal hier in Nürnberg auftreten. Unsere Gesellschaft, juristisch gesehen ein Verein, ist eine un- und überparteiliche Vereinigung, die im vorparlamentarischen Raum tätig ist. Professor Gustav Stein legte Wert darauf, diesen nicht etwa unpolitischen, sondern weit greifenden Charakter, den juristischen und auch soziologischen, über unserer Arbeit als ein weites Spektrum öffentlichen Verantwortungsbewußtseins hervorzuheben.

Zweck unserer Stein-Gesellschaft ist nicht etwa eine Art Personenkult für den Reichsfreiherrn Heinrich Friedrich Karl vom und zum Stein, und es ist für den Ansatz des Termins dieses Gespräches, das wir hier führen, ein purer Zufall, daß unser Freiherr vom Stein gerade heute vor 222 Jahren in Nassau geboren ist, als dritter Sohn seiner Eltern und als vorletztes von 10 Kindern, von denen aber nur sieben ein höheres Alter erreicht haben.

Die Gründer unserer Gesellschaft haben, als sie nach dem Zusammenbruch des zweiten Weltkrieges nach neuen Wegen und zugleich nach einer Tradition suchten, an die anzuknüpfen sei, den großen Reformator Stein als Symbol gewählt, weil auch er bewährte Traditionen zeitgemäß umformte und Überholtes verwarf. Stein ist einer der wenigen deutschen Männer, der wohl von allen gesellschaftlichen und politischen Gruppen anerkannt ist und der uns zeitlich noch nahe genug steht, um bei ihm aufmerksam nachzulesen und wohl auch noch zu lernen. Wir dürfen als Gesellschaft befriedigt feststellen, daß das Ergebnis unserer sogenannten CAPPENBERGER GESPRÄCHE – die deshalb so heißen, weil sie erstmals an dem letzten Wohnort des Freiherrn vom Stein in Cappenberg begonnen haben – vom Alltag und der Allgemeinheit her über die Wissenschaft bis hinein in die Politik gehört und zumindest bedacht, wenn nicht beachtet werden.

In Nürnberg wurde im Todesjahr des großen Humanisten und Europäers Nicolaus Copernicus – 1543 – dessen Buch über die Planetenumläufe gedruckt und der Öffentlichkeit übergeben. Dieses Buch hat die copernicanische Wende unseres Weltbildes zur Folge gehabt; Kant hat darauf hingewiesen. Hier liegt es nahe, die neuen staatspolitischen Gedanken des Freiherrn vom Stein als eine copernicanische Wende zu kennzeichnen, die aus dem Untertan eines erstarrten Herrschaftsgefüges den Bürger bildete, der sich seinem Gemeinwesen in Gemeinde und Stadt, in Landschaft und Staat verantwortlich weiß. Das bleibt Ziel und Weg unserer Arbeit, der auch unser heutiges Gespräch dient.

Dr. Hermann Glaser

Berufsmäßiger Stadtrat

Grußwort der Stadt Nürnberg

Herr Abgeordneter, meine Herren Präsidenten und Vizepräsidenten, sehr verehrte Damen und Herren, ich darf zum 16. Cappenberger Gespräch die Grüße der Stadt Nürnberg, im besonderen des Herrn Oberbürgermeisters, überbringen. Wir freuen uns, daß Sie dieses Gespräch, wie ja einleitend festgestellt wurde, zum ersten Mal hier in Nürnberg durchführen. Wir sind selbstverständlich betroffen, daß dieses Gespräch überschattet ist vom Tod des Vorsitzenden; Professor Stein war aufgrund seiner vielfältigen kulturellen Tätigkeit dieser Stadt verbunden. Er gehörte z. B. zum Kuratorium, das mittragend und mitverantwortlich war für die Gestaltung des Dürer-Jahres 1971.

Ich darf, meine Damen und Herren, die Grußworte in den Versuch kleiden, in wenigen Sätzen – soweit dies überhaupt möglich ist – ein paar geschichtliche Profillinien der Stadt zu zeichnen, in der Sie sich befinden und die Sie willkommen heißt, ein paar Profillinien des 19. und 20. Jahrhunderts, die zwar nichts mit dem Thema des heutigen Tages, wohl aber indirekt mit dem Freiherrn vom Stein und den Bemühungen dieser Gesellschaft zu tun haben, nämlich das Triptychon Bürger – Gemeinwesen – Verantwortung sozusagen am Topos Nürnberg illustrieren.

Die romantische Entdeckung dieser Stadt zu Beginn des 19. Jahrhunderts war der großangelegte und in vielem auch großartige Versuch, im Rückgriff auf Vergangenheit, insbesondere auf die mittelalterliche Vergangenheit dieser Stadt, die durch Namen wie Dürer, Kraft, Stoß, Pirckheimer charakterisiert ist, einen Blick in Richtung Zukunft zu richten und das Gemeinwesen mit etwas zu versehen, was, wie ich glaube, heute mehr denn je not tut: mit kultureller Identität. Was hier zu Beginn des 19. Jahrhunderts sozusagen paradigmatisch vorgeführt wurde, was man insbesondere auch an Dürer (so würde man es heute formulieren) „festmachte", war im Laufe des 19. und 20. Jahrhunderts mancher Perversion unterworfen; was sich etwa im Historismus ausbildete, bedeutete häufig eine Veroberflächlichung dieses großen kulturellen Bemühens. Insgesamt hat die romantische Entdeckung Nürnbergs, eines kulturellen Gemeinwesens, sehr große Bedeutung gehabt und sollte sie weiterhin haben.

Eine zweite Profillinie des 19. Jahrhunderts charakterisiert den Aufstieg Nürnbergs zur größten Fabrikanten- und Arbeiterstadt Bayerns und damit zu einer sehr großen Stadt (Großstadt) Deutschlands; nach der romantischen steht freilich die „realistische Entdeckung" (die Entdeckung des realistischen Nürnberg) noch aus. Diese Welt, die wiederum an einige Namen, wie Cramer-Klett, Siemens-Schuckert usw. „festgemacht" werden kann, diese Stadt hat sehr früh, auf dem Hintergrund ihrer handwerklich-kulturellen Tradition, erfahren, was es bedeutet, Modernität gestalten und erleben, erleiden und durchstehen zu müssen.

4

Eine Entwicklungslinie, die heute, da wir über Fragen des Wachstums und über die Grenzen des Wachstums nachdenken, sicher sehr aussagekräftig ist.

Mit dem Ende dieser Epoche 1914/18 begann dann ein dritter Abschnitt in der Geschichte des 19. und 20. Jahrhunderts, und er bedeutete sehr Tragisches für diese Stadt. In der Zeit bis zum Ende und Zusammenbruch der Weimarer Republik hat Nürnberg, was nicht genügend erkannt und bekannt ist, eine wichtige Rolle in der Weimarer Republik, vor allem unter ihrem Oberbürgermeister Dr. Luppe, der für die kommunale Entwicklung insgesamt des Deutschen Reiches von großer Bedeutung war, gespielt – eine wichtige Rolle vor allem auch dahingehend, daß unter schwierigen Verhältnissen demokratische, republikanische Identität „vorgeführt", vorgestellt, vorgelebt wurde. Das demokratische Nürnberg hat diese Probe glänzend bestanden – ich sagte unter schwierigen Verhältnissen, denn der Gegenspieler, der keine Möglichkeit von Infamie außer Acht ließ, war Julius Streicher mit der völkisch-nationalsozialistischen Bewegung. Nürnberg war eine republikanische Stadt, eine demokratische Stadt, was sich auch in den Wahlergebnissen bis 1933 spiegelt.

Die vorletzte Phase ist vielleicht am bekanntesten, am berüchtigsten; es ist die Zeit von 1933 – 1945, in der Nürnberg, sicher in vielem ungerecht, zum Topos der Zerstörung demokratischer und humaner Gesinnung und Gesittung wurde und in der es, 1945, weitgehend als Stadt zerstört wurde.

Wenn wir nach 1945 wieder bis in das Stadtbild hinein angeknüpft haben an unsere kulturelle und „topographische" Tradition, dann verstehen wir dies vor allem als ein Anknüpfen an die Prinzipien einer Gesinnung und Gesittung, die im besonderen ja auch mit dem Namen des Freiherrn vom Stein und somit auch mit der Freiherr-vom-Stein-Gesellschaft verknüpft sind.

Wir hoffen, meine Damen und Herren, daß Sie trotz der Belastungen, die ein solches Gespräch mit sich bringt, immer wieder einmal Zeit haben, einen Seitenblick auf diese Stadt zu werfen, einer Stadt, die sich in ihrer vorläufig letzten Phase ihrer Entwicklung dem Vorbild humanen Stadtlebens verpflichtet fühlt.

Ministerialdirigent Konrad Kruis
Bayerische Staatskanzlei

Grußwort der Bayerischen Staatsregierung

Meine Herren Vizepräsidenten der Freiherr-vom-Stein-Gesellschaft, meine Damen und Herren. Wie auf dem Programm vorgesehen, wollte Ihnen heute der Staatssekretär im Bayerischen Staatsministerium der Justiz, Herr Dr. Wilhelm Vorndran die Grüße der Bayerischen Staatsregierung entbieten. Eine von ihm schon seit langem geplante Studienreise nach Israel ist von den Organisatoren nun inzwischen terminlich so gestaltet worden, daß sie diese Tage mit umfaßt. Herr Dr. Vorndran bedauert diese Terminkollission außerordentlich, zumal er gerade dem heutigen Gesprächsthema ganz besondere Bedeutung beimißt.

Nun habe ich den ehrenvollen Auftrag Ihnen zu sagen, daß die Bayerische Staatsregierung Sie hier in Nürnberg sehr herzlich begrüßt. Wir freuen uns und wissen es auch als Ehre zu schätzen, daß Sie in diesem Jahr Ihre Gespräche hier im Frankenland fortsetzen, denn in den CAPPENBERGER GESPRÄCHEN waren schon immer bedeutende Themen gestellt. Heute nun steht ein besonders anspruchsvolles Thema auf der Tagesordnung, das in der politischen Publizistik immer wieder diskutiert wird und gerade in den letzten Jahren, freilich im Zusammenhang immer nur mit einzelnen wenigen Urteilen, die Gemüter erhitzt hat. Es wird behauptet, das Bundesverfassungsgericht nehme in einer mit dem Grundgesetz nicht mehr zu vereinbarenden Weise gewissermaßen als Obergesetzgeber staatsleitende Funktionen für sich in Anspruch, indem es sein eigenes Wertverständnis an die Stelle des Gesetzgebers oder der Regierung setze. In journalistischer Überspitzung kam dieser Vorwurf in einer Spiegel-Serie des Jahres 1978 mit zum Ausdruck: „Verfassungsrichter treiben Politik"! Es ist die Auffassung der Bayerischen Staatsregierung, daß das Bundesverfassungsgericht bei seiner im Grundgesetz festgelegten Zuständigkeit und in ausschließlicher Bindung an die Verfassung Aussagen zu machen hat, die nach ihrem Inhalt und ihrer Wirkung auch politisches Gewicht haben. Das gilt besonders bei der Konkretisierung verfassungsrechtlicher Lapidarformen zu Forderungen nach gesetzgeberischem Handeln und beim verfassungsgerichtlichen Verdikt über ein Gesetz. Die Aufgabe, das verfassungsrechtlich Gebotene und das verfassungsrechtlich Zulässige zu erhellen, verlangt die Wanderung im Grenzbereich zwischen politischem Recht und in rechtliche Formen gekleideter Politik. Daß es nicht zu Grenzüberschreitungen kommen darf, das hat das Bundesverfassungsgericht schon in der Denkschrift des Jahres 1951 bekundet und immer wieder haben auch einzelne Verfassungsrichter in Sondervoten und in öffentlichen Äußerungen selbstkritisch über ihre Rolle und ihre Ausführungen nachgedacht. Überflüssig zu sagen, daß der Vorwurf einer aristokratischen oder oligarchischen Führungsusurpation durch das Bundesverfassungsgericht jeder

Grundlage entbehrt. Zu diskutieren bleibt somit die Frage, ob es berechtigt ist, vom Bundesverfassungsgericht mehr Zurückhaltung zu fordern oder nicht und in welchem Maß, welche Methoden für die Entscheidung zu verfeinern sein könnten. Ferner aber auch die Frage nach der Richtigkeit des Zuständigkeitskatalogs und damit verbunden, ob nicht die derzeitige Regelung um des hohen Gutes der Stabilisierung unseres Rechts durch das Bundesverfassungsgericht und des Vertrauens der Bürger in die Kontinuität rechtlicher Entwicklungen willen erhalten werden muß. Es gilt dann, die Anforderungen der verfassungsgerichtlichen Judikatur mit rechtlicher und politischer Vernunft aufzuarbeiten und ihnen zu genügen, sie nicht überzubewerten und sie zu ertragen.

Ich möchte für mich persönlich kein Hehl daraus machen, daß ich letzterer Auffassung bin, und es versteht sich wohl von selbst, daß ich darin mit der bayerischen Staatsregierung übereinstimme.

Das heutige 16. CAPPENBERGER GESPRÄCH wird hier sicherlich nützliche und weiterführende Anregungen bringen und damit zu einem Erfolg führen, zu dem ich Sie schon jetzt auch namens der Staatsregierung herzlich beglückwünsche.

7

Professor Dr. Nikolaus Fiebiger

Präsident der Friedrich-Alexander-Universität Erlangen-Nürnberg

Grußwort der Friedrich-Alexander-Universität

Herr Vizepräsident, meine sehr verehrten Damen und Herren, zum 16. CAPPENBERGER GESPRÄCH der Freiherr-vom-Stein-Gesellschaft hier in der schönen Stadt Nürnberg überbringe ich die Grüße der Friedrich-Alexander-Universität. Ich tue dies mit ganz besonderer Freude und auch mit Dankbarkeit, weil Sie sich ein Thema gewählt haben – „Bundesverfassungsgericht, Gesetzgebung und politische Führung" –, das die Universität in ganz besonderer Weise berührt, und weil ich mir auch die Hoffnung mache, daß auf lange Sicht die Ergebnisse dieser Gespräche wie auch die Arbeit der Freiherr-vom-Stein-Gesellschaft uns als Universität zugute kommen.

Mit ein paar Anmerkungen zum Thema aus der Sicht der Universitäten hoffe ich auf Ihr Verständnis, zumal ich unter den Mitwirkenden der heutigen Veranstaltung zwei alte Mitstreiter aus der Westdeutschen Rektorenkonferenz sehe. Sie wissen natürlich sofort, daß ich das Numerus-clausus-Urteil des Bundesverfassungsgerichts ansprechen will.

Vor mehr als zehn Jahren bin ich – vom Fach her Physiker – Rektor unserer Universität geworden. Ich habe die Entwicklungen im Bildungsbereich miterlebt und kann über deren Auswirkungen insoweit aus Erfahrung sprechen. In meinen Augen sind die Folgen des NC-Urteils, die so sicher nicht gewollt und vorher wohl auch nicht übersehen worden sind, verhängnisvoll für die Universität. Es geht dabei nicht um die Zahl der per Gerichtsbeschluß zugelassenen Studenten – das sind politische Entscheidungen, die wir hinzunehmen haben – es geht um die Erfüllung der vom Bundesverfassungsgericht in dem genannten Urteil aufgestellten Forderung nach gleichmäßiger und erschöpfender Nutzung der Hochschuleinrichtungen. Damit ist zwingend eine Aufforderung an die Exekutive verbunden, normative Festlegungen zu treffen, und dies in einem Bereich, der nach meiner Erfahrung und nach meiner festen Überzeugung nur sehr begrenzt zu normieren ist. Die daraus resultierenden Verordnungen wie Kapazitätsverordnung und Regellehrverpflichtungsverordnung, bis ins Detail gehende Studienpläne und Regelstudienzeit stehen dem Geist der Universität nicht nur entgegen, sie töten ihn. Dabei ist der jetzt entbrannte Streit um die Regelstudienzeit in meinen Augen keineswegs logisch, denn hier wird eine rechtlich erzwungene Normierung aus politischen Erwägungen wieder aufgehoben.

Meine kurzen Anmerkungen sollten jetzt keinesfalls als Kritik am Bundesverfassungsgericht verstanden werden, ich möchte im Gegenteil das Bundesverfassungsgericht entlasten. Im Bildungsbereich, den ich einigermaßen überblicke, wird m.E. viel zu schnell der Zeitgeist augenblicklicher Strömungen in Gesetzesform gegossen, und dies oft mit hauchdünnen politischen Mehrheiten. Damit ist der Konflikt von vornherein vorprogrammiert, und die Verfassungsorgane müssen dann entscheiden. Ich habe aus langer Erfahrung gelernt, daß man nicht soeben aufkommende Modeerscheinungen ganz schnell, weil das ja im Moment opportun ist, in ein Gesetz umsetzen sollte. Hier kommt die im Thema angesprochene politische Führung ins Blickfeld, die die Gesetzgebung langfristiger anlegen sollte. Wenn dies der Fall wäre, dann würden, jedenfalls im Bildungsbereich, ein großer Teil der uns jetzt drückenden Sorgen gar nicht erst bestehen.

Ich weiß, daß ich mit diesen kurzen Worten über eine Begrüßungsansprache etwas hinausgegangen bin und bereits einiges zu Ihrem Thema gesagt habe. Ich erhoffe mir von dieser Tagung einen Beitrag für die Lösung der Dinge, die uns zur Zeit bedrücken, und ich hoffe, daß Sie und Ihre Gesellschaft Erfolge haben, um uns in dem angesprochenen Bereich und sicherlich weit darüber hinaus Hilfe zu bringen. Ich darf der Veranstaltung guten Erfolg wünschen.

Prof. Dr. Friedrich Schäfer MdB

Verfassungsgerichtsbarkeit, Gesetzgebung und politische Führung

Unserem Thema „Verfassungsgerichtsbarkeit, Gesetzgebung und politische Führung" möchte ich hinzufügen „und die Verfassung". Bei meinen Ausführungen werde ich in umgekehrter Reihenfolge vorgehen, also den Begriff der Verfassung an den Anfang stellen und so schon deutlich machen, daß die Verfassung über den anderen Punkten steht.

Unsere Verfassung, wie sie im Grundgesetz und in den Landesverfassungen ihren Ausdruck gefunden hat, ist nicht in erster Linie Organisationsstatut und Regelung über die Zuständigkeit einzelner Organe, sondern sie ist der verbindliche Ausdruck über das Verfaßtsein dieser Gesellschaft. Damit ist gesagt, daß Verfassung mehr ist als mit dem Wortlaut des Grundgesetzes oder der Landesverfassungen umschrieben ist. Auch einfache Gesetze, z. B. Wahlgesetze, Mitbestimmungsgesetze, sogar die Geschäftsordnungen oberster Bundesorgane, regeln das Verfaßtsein, sind Verfassungsfragen. Die Aufgabe des einzelnen in der Gesellschaft und die Verpflichtung der Gesellschaft dem einzelnen gegenüber wird in Artikel 1 der Verfassung des Landes Baden-Württemberg so ausgedrückt:

„(1) Der Mensch ist berufen, in der ihn umgebenden Gemeinschaft seine Gaben in Freiheit und in der Erfüllung des christlichen Sittengesetzes zu seinem und der anderen Wohl zu entfalten.
(2) Der Staat hat die Aufgabe, den Menschen hierbei zu dienen. Er faßt die in seinem Gebiet lebenden Menschen zu einem geordneten Gemeinwesen zusammen, gewährt ihnen Schutz und Förderung und bewirkt durch Gesetz und Gebot einen Ausgleich der wechselseitigen Rechte und Pflichten."

Die Verfassung ist der Generalkonsens der diesen Staat tragenden Kräfte; sie bedarf grundsätzlich der Zustimmung des Volkes; folgerichtig kann sie in einigen Bundesländern nur durch eine Volksabstimmung geändert werden, das Grundgesetz nur mit Zweidrittelmehrheit des Bundestages und des Bundesrates.

Ist Verfassung das Verfaßtsein der Gesellschaft, muß die Zustimmung mehr sein als formales Einverständnis. Die Verfassung muß als tragendes Element des Zusammenlebens in das Bewußtsein der Bevölkerung eingegangen sein. Es bedarf seine Zeit, bis dieses Bewußtsein bei allen Bürgern vorhanden ist. Die ersten 30 Jahre haben uns weitergebracht, aber das Ziel ist noch nicht erreicht. Damit ist eine Komponente angesprochen, die das Verfaßtsein beinhaltet, nämlich Kontinuität. Die mit der Verfassung umschriebene Wertordnung ist so, daß sie nicht bei jeder Zeitströmung geändert werden muß, ja nicht geändert werden darf. Wichtig für die Erkenntnis der Verfassung als tragendes Element des Zusammenlebens ist das Vertrauen auf die Dauerhaftigkeit der Wertordnung. Man muß sich

10

darauf einrichten können, daß der Generalkonsens auf lange Zeit erhalten bleibt. Als Beispiel will ich die USA anführen.

Seit über 200 Jahren kommt man dort mit ein und derselben Verfassung aus. Sie hat sich als umfassend und flexibel genug erwiesen, um den Änderungen in der Gesellschaft der letzten beiden Jahrhunderte gerecht zu werden. Hier wird die zweite Komponente einer Verfassung deutlich, ihre Weiterentwicklung. Wie sich die Gesellschaft, das Zusammenleben im Staat und im privaten Bereich wandelt, so wandelt sich auch die Anwendung der in der Verfassung niedergelegten Wertordnung. Die Werte stehen nicht im luftleeren Raum, sondern in der gesellschaftlichen Wirklichkeit.

Es ist sicherlich nicht einfach, die beiden Komponenten Kontinuität und Weiterentwicklung in Einklang zu bringen. Eine Voraussetzung dafür ist die Mitwirkung möglichst vieler Bürger am politischen Leben, sei es in Parteien, Verbänden, Gewerkschaften oder Bürgerinitiativen. Eine weitere Voraussetzung ist das Zusammenwirken der Verfassungsorgane, die im Miteinander und in gegenseitiger Kontrolle den Rahmen der Verfassung auszufüllen haben.

Die Verfassung hat unterschiedliche Funktionen. Sie ist einmal geltendes Recht, zum anderen bietet sie einen Rahmen, zum dritten enthält sie ein Programm. Ich will dies hier verdeutlichen:

a) Artikel 1, III GG bestimmt ausdrücklich: „Die nachfolgenden Grundrechte binden Gesetzgebung, vollziehende Gewalt und Rechtsprechung als unmittelbar geltendes Recht."

Danach ist Artikel 3, II „Männer und Frauen sind gleichberechtigt" unmittelbar geltendes Recht. Und doch ist bekannt, wie lange es braucht, diesen Grundsatz in die Vielgestaltigkeit des Lebens zu übertragen.

b) Artikel 15 gibt einen Rahmen, innerhalb dessen sich der Gesetzgeber bewegen kann. Maßnahmen sind zugelassen, also nicht vorgeschrieben. Beim Besuch des Präsidenten der portugiesischen verfassungsgebenden Versammlung war es schwierig, dies zu verdeutlichen. Nach seinem Verfassungsverständnis ist jede Bestimmung ein Programmsatz, den Regierung und Parlament erfüllen müssen.

c) Mit Artikel 20, I „Die Bundesrepublik Deutschland ist ein demokratischer und sozialer Bundesstaat" hat unsere Verfassung politische Wertvorstellungen aufgenommen, die dadurch programmatische Bedeutung bekommen haben.

Nur der demokratische Staat bietet dem Einzelnen Entfaltungsmöglichkeiten, er setzt Kräfte frei, die nach Gestaltung drängen. Diese Kräfte sammeln sich in unterschiedlichen Gruppierungen, die auf politische Entscheidungen Einfluß nehmen. Die Einflußnahme ist vielgestaltig, oft geschieht sie allein durch die Formulierung von Grundsätzen, durch deren öffentliche Diskussion. Ich erinnere an den jüngst veröffentlichten Entwurf eines Grundsatzprogramms des DGB, der sich eindrucksvoll mit dem Verfaßtsein beschäftigt. Alle diese Gruppen sind der politischen Führung in einem weiteren Sinne zuzurechnen. Gruppierungen vertreten unterschiedliche politische Meinungen, versuchen ihre Vorstellungen gegen andere durchzusetzen. Diese Konfliktsituation ist der Demokratie wesensgemäß. Die berufenen Träger zur Austragung und Entscheidung der politischen Konflikte sind die Parteien. So bestimmt Artikel 21, I GG: „Die Parteien wirken bei der politischen Willensbildung des Volkes mit". Wie sie dies machen, ist in § 1 des Parteiengesetzes umschrieben. Ein wichtiges Kriterium für die Eigenschaft als Partei ist die Teilnahme an Bundes- und Landtagswahlen. Die Rechtsstellung wird gemäß § 2 Abs. II PartG nur gewahrt, wenn die Partei sich innerhalb 6 Jahren an Wahlen beteiligt. Indem sich die Parteien dem Votum des Bürgers stellen, erhalten sie die Legitimation für ihre politischen Tätigkeiten. Die Parteien müssen sich bei aller Unterschiedlichkeit des Programms im Rahmen der Wertvorstellungen der Verfassung halten. Parteien, die sich außerhalb dieser Wertordnung stellen, sind verfassungswidrig und verlieren nach der entsprechenden Feststellung durch das Bundesverfassungsgericht das Recht, an der politischen Willensbildung mitzuwirken.

In den Wahlen erhält die Partei oder die Parteien, die die Mehrheit gewonnen haben, den Auftrag, entsprechend ihrer Zielvorstellung tätig zu werden. Es ist für den Bestand unserer Verfassung ohne Bedeutung, welche der demokratischen Parteien aus den Wahlen als Sieger hervorgeht. Wer die Macht auf Zeit erhält, verfügt über die Mehrheit im Parlament, diese Gruppe stellt die Regierung. Die politische Macht liegt bei Regierung und Regierungsfraktionen. Nur im gemeinsamen Handeln können die beiden Verfassungsorgane Bundesregierung und Bundestag das erreichen, wofür sie vom Wähler den Auftrag erhalten haben. Die Regierungsparteien können mit ihrer Mehrheitsposition im Bundestag Gesetze erlassen, die für alle Bürger verbindlich sind, die von allen Behörden anzuwenden sind und die von den Ländern, auch wenn deren Regierungen einem anderen politischen Lager angehören, auszuführen sind.

Aber auch die Parteien, die die Opposition bilden, haben einen Auftrag von ihren Wählern, dem sie gerecht werden müssen. Die Geschäftsordnung des Bundestages trägt dem insoweit Rechnung, als sie der Opposition bedeutende Minderheitsrechte einräumt (Untersuchungsausschuß). Regierung und Opposition stehen beide im Rahmen der Wertordnung der Verfassung. Bei der abstrakten Normenkontrolle hat nach § 13 Nr. 6 BVerfGG 1/3 der Mitglieder des Bundestages, d. h. faktisch die Opposition, das Recht, durch das Bundesverfassungsgericht überprüfen zu lassen, ob sich Gesetze der Regierung innerhalb der Verfassung bewegen, nicht aber überprüfen zu lassen, ob die Maßnahmen richtig sind. Regierungs- und Oppositionsparteien sind durch Wahlen legitimiert. Sie tragen für die Durchführung ihres Auftrages die Verantwortung. In regelmäßigen Abständen müssen sie sich allen Wählern stellen, ob sie dieser Verantwortung gerecht geworden sind. Diese Tatsachen rechtfertigen es, von ihnen als politische Führung in engerem Sinne zu sprechen. So werde ich den Begriff bei meinen Ausführungen verwenden.

Politische Führung will politisch gestalten, das kann darin bestehen, daß bestimmte Positionen erhalten oder aber weiterentwickelt werden. Den Veränderungen der Gesellschaft kann man Rechnung tragen, man kann sie herbeiführen oder fördern, man kann ebenso entgegenwirken. Politische Führung beinhaltet viele Mittel. Sie verwirklicht sich nur zum Teil

12

in der Gesetzgebung. Das Handeln, mit dem Zielvorstellungen durchgesetzt werden sollen, ist vielfältig und vollzieht sich auf vielen Ebenen. Demgemäß unterschiedlich sind die Kontrollmöglichkeiten. Es gibt die Kontrolle des Parlaments, die der Gerichte und auch die des Konsenses.

Gesetz ist nicht gleich Gesetz und die politische Führung, insbesondere das Parlament, sind dabei sehr verschiedenen Vorgaben unterworfen, insbesondere ist die Bedeutung und Auswirkung der Gesetze sehr verschieden. Ich lasse dabei das verfassungsändernde Gesetz beiseite und will nur die Gesetze anführen, die mit einfacher Mehrheit des Bundestages beschlossen werden. Will die politische Führung das Handeln oder Nichthandeln des Bürgers anregen, so gibt sie für das Handeln Anreize oder belastet einen bestimmten Vorgang, um das Nichthandeln zu erreichen. Sollen mehr Wohnungen gebaut werden, werden staatliche Zuschüsse in Aussicht gestellt und steuerliche Begünstigungen vorgesehen. Ist das Ziel erreicht, so kann das Gesetz modifiziert oder ganz aufgehoben werden. Es sind Maßnahmegesetze, die der Globalsteuerung dienen, Gesetze auf Zeit zur Erlangung eines bestimmten, meist wirtschaftlichen Erfolges oder Zustandes. Gesetze also zur Steuerung, Werkzeuge in der Hand der politischen Führung.

Bei vielen anderen Gesetzen, die das Zusammenleben der Bürger regeln, bei der Lösung gesellschaftspolitischer Fragen, beim Strafrecht, Familienrecht, ist das Gesetz von anderem Range. Hierbei ist die gesetzliche Regelung tiefgreifend und nur schwer veränderlich. Teils wird eine kulturelle oder zivilisatorische Entwicklung zur Neuregelung Anlaß sein oder sie erzwingen, teils sind tatsächlich Verhältnisse eingetreten, die Berücksichtigung verlangen. Oft erleben wir, daß z. B. die Arbeits- oder Sozialgerichte, die gerade auf ihrem Gebiete der gesellschaftlichen Weiterentwicklung Rechnung tragen müssen, durch höchstrichterliche Entscheidungen großen Einfluß ausüben; die Verwaltungsgerichte haben mit ihrer Rechtsprechung nicht nur die Ausführung der Gesetze beeinflußt, sondern die Gesetzgebung vorbereitet. Die Gerichte sind „an Gesetz und Recht gebunden", wie das Grundgesetz in Art. 20, IV sagt und damit anerkennt, daß das Gesetz nicht die alleinige Grundlage sein kann, sondern daß das Recht herrschen soll. Bei vielen solcher Gesetze geht es dem Gesetzgeber darum, das was er er als Recht betrachtet, rechtsverbindlich für alle im Gesetz zu regeln. Der Gesetzgeber ist also auf diesem großen und wichtigen Gebiet bei der Durchsetzung seiner politischen Führungsaufgabe nicht frei im Sinne des Ungebundenseins, sondern bemüht, die Strömungen sich zunutze zu machen oder erst solche Strömungen und Entwicklungen zu schaffen, um dann handeln zu können. Dabei muß ihn eine starke Skepsis leiten gegenüber dem, was man den Zeitgeist nennt.

Zur richtigen Zeit das Richtige zu tun oder vorzubereiten, kennzeichnet die erfolgreiche politische Führung. Dabei ist das Wort „erfolgreich" auslegungsfähig und unterliegt letztlich der Beurteilung des Volkes in den Wahlen. Denn anders als jedes andere Verfassungsorgan muß sich die politische Führung, Bundesregierung und Bundestag, nach dem unverrückbaren Konsens der Verfassung in feststehendem Turnus der Wahl stellen.

Auch während der Wahlperiode wird die Opposition Wert daruf legen, in öffentlicher Sitzung der Regierung und der Mehrheit ihre Alternativen entgegenzustellen und sie damit zwingen, vor der ganzen Bevölkerung die Gründe für ihr Handeln darzulegen.

Aus dem Vorgetragenen ergibt sich, daß die politische Führung aufgrund vieler Erkenntnisse tatsächlicher und rechtlicher Art handelt, stets im Bewußtsein, damit politisch zu gestalten. Bei vielen dieser Umstände und Tatsachen kann man anderer Auffassung sein und bei den gewählten Mitteln kann man zur Überzeugung kommen, daß die Verfassung die gefundene Regelung nicht zulasse. Daraus ergibt sich, daß die nicht zur gleichen politischen Führungsgruppe gehörenden Kräfte das Verfassungsgericht anrufen, um eine nach ihrer Auffassung verfassungswidrige Gesetzgebung abzuwenden. Der Teil der politischen Führung, der die Mehrheit hat, ruft nicht an, er beschließt. Gegen das, was beschlossen wurde, wendet sich die Klage. Es ergibt sich daher aus dem Rollenverteilungsverständnis, daß bis 1966 auf Klagen insbesondere der SPD das Bundesverfassungsgericht tätig wurde und nach 1969 auf Klagen der CDU/CSU. Insgesamt wurden bis 1966 durch Urteil des Bundesverfassungsgerichts 117 Gesetze für verfassungswidrig erklärt, seit 1966 waren es 28 Gesetze. Wer auch die Mehrheit im Parlament hat, er ist bestrebt, sich innerhalb der Verfassung zu bewegen. Die Tatsache, daß während der Zeit der Großen Koalition das Bundesverfassungsgericht nicht von Bundesseite angerufen wurde, gibt Anlaß zu der Frage, ob bei entsprechender Kräftekonzentration in der politischen Führung vielleicht unzulässiger Entscheidungsspielraum vorhanden sein könnte. Es ist die Frage, ob das Verfassungsgericht von Amts wegen soll handeln können, oder ob es eines Vertreters des öffentlichen Interesses bedarf, der Klage erheben könnte. Ich bin der Auffassung, daß man diese Frage verneinen kann. Denn nach Artikel 100 GG kann jedes Gericht, das ein Gesetz, auf dessen Gültigkeit es bei der Entscheidung ankommt, für verfassungswidrig hält, die Entscheidung des Bundesverfassungsgerichts einholen. Außerdem kann nach Art. 93, I Ziff. 4a jedermann sich mit der Verfassungsbeschwerde an das Bundesverfassungsgericht wenden, allein mit der Behauptung, durch die öffentliche Gewalt in einem seiner Grundrechte oder ein näher bezeichnetes Recht verletzt zu sein.

Damit und mit den im Verfassungsgerichtsgesetz im einzelnen aufgeführten klageberechtigten Organen und Stellen ist die ausreichende Sicherheit für die erforderliche Anrufung des Gerichts gegeben.

Der Gesetzgeber wird damit der Kontrolle durch das Verfassungsgericht unterworfen, ob er sich im Rahmen der Verfassung bewegt hat. Das unserer Verfassung innewohnende System der Balance findet hier seinen Ausdruck. Es ist daher richtig, daß das Bundesverfassungsgericht eines der obersten fünf Verfassungsorgane ist. Es kann mit Rechtsverbindlichkeit gegen die anderen Organe und für jedermann Maßnahmen für verfassungswidrig und nichtig erklären; es kann aber keine Maßnahmen oder gar Gesetze selbst erlassen. Auch diese Regelung ist richtig. Daß das Bundesverfassungsgericht in manchen Fällen auf zukünftige Entscheidungen eingewirkt oder sie gar erzwungen hat, hat die öffentliche Erörterung dar-

14

über herbeigeführt, was Sache des Gerichtes und was Sache der politischen Führung sei. Eine klare Trennungslinie wird sich nie finden lassen.

Zunächst: Das angerufene Verfassungsgericht muß selbst entscheiden, ob es einen Fragenkomplex in seine Prüfung mit einbezieht oder ob es in Anwendung des Prinzips des political restraint politische Entscheidungen des Gesetzgebers als vorgegeben ansieht. Es kann dafür keine andere Stelle geben, insbesondere kann dies der Gesetzgeber nicht tun. Die öffentliche Erörterung dieser Frage halte ich für sehr wichtig und das Finden einer vertretbaren Lösung für die Funktionsfähigkeit der politischen Führung und des Bundesverfassungsgerichts gleichermaßen für erforderlich. Die von den beiden zu beurteilenden und zu entscheidenden Fragenkomplexe liegen auf verschiedenen Gebieten. Nur die Beachtung der dadurch bedingten Abgrenzungen läßt Konflikte vermeiden und die hohe Autorität des Bundesverfassungsgerichts, derer wir bedürfen, unangetastet. Schematisch und im Grundsätzlichen ist die Abgrenzung möglich, im Einzelfall oft schwierig: Die politische Führung will Interessenkonfliktsituationen bewertend und gestaltend regeln, das Gericht prüfen, ob das der Durchführung dienende Gesetz die Verfassung verletzt. Aber schon bei dieser einfachen Formulierung ergeben sich Schwierigkeiten: Die politische Führung wird schon bei der Erarbeitung ihrer Ausgangsposition unter Anerkennung verfassungsrechtlicher Positionen gehandelt haben. Der Gesetzgeber hat dies zwar nachgeprüft, sich auch nach bestem Wissen und Gewissen bemüht, das Gesetz „karlsruhe-sicher" zu machen, aber die vom Gestaltungswillen unabhängige Betrachtung des Gerichts kommt zu einem anderen Ergebnis.

Einige in den letzten Jahren ergangene Urteile, auf die ich nachher näher eingehen will, sind Anlaß für die Sorge der Politiker, daß ihr Handlungsspielraum durch die Rechtsprechung des Bundesverfassungsgerichts eingeengt werde. Der Politiker sieht sich im Spannungsverhältnis zwischen dem aus den Umständen sich ergebenden Zwang zum Handeln, den Erwartungen der Wähler und den ihm gegebenen Grenzen. Die Verantwortlichkeit des Politikers ist also eine andere als die des Verfassungsrichters. Der Politiker ist der Verfassung, seinem Gewissen und dem Wähler verantwortlich, der Verfassungsrichter seinem Gewissen und der Verfassung.

Die Verantwortung des Politikers ist eher realisierbar. Während der Verfassungsrichter zwölf Jahre ohne Möglichkeit einer Wiederwahl im Amt bleibt, muß sich der Politiker alle 4 Jahre dem Votum der Wähler stellen und in Kauf nehmen, daß er nicht wiedergewählt wird.

Wir brauchen beide Arten von Verantwortlichkeit.

Bei der Wahl der Verfassungsrichter – die Hälfte durch den Wahlmännerausschuß des Bundestages, die andere durch den Bundesrat – ist das Erfordernis der Zweidrittelmehrheit des Wahlgremiums deutlicher Ausdruck für die Vertrauensgrundlage, derer der Verfassungsrichter bedarf. Als langjähriges Mitglied des Wahlmännerausschusses darf ich bei dieser Gelegenheit sagen, daß die Wahl sehr sorgfältig vorbereitet wird. Es ist keineswegs so, daß die eine Seite einen Kandidaten benennt und die andere Seite die Zustimmung in Aussicht stellt unter der Voraussetzung, daß dann auch der von ihr vorgeschlagene Kandidat gewählt werde. Für jeden einzelnen Kandidaten wird eine sorgfältige Prüfung durchgeführt. Eine Vorhersage über künftiges Verhalten eines Richters ist nicht möglich, wäre auch nicht im Sinne der Wahl durch den Wahlmännerausschuß; bisher hat auch jeder Gewählte sich als selbständige Persönlichkeit gezeigt. Es ist auch richtig, daß die Hälfte der Wahlmänner vom Bundestag, die andere Hälfte vom Bundesrat gewählt wird, denn das Bundesverfassungsgericht ist neben dem Bundespräsidenten das einzige aus gesamtstaatlicher Kreation sich ergebende Organ des Bundes. Diese Legitimation ist erforderlich, um Verfassungsstreitigkeiten zwischen Bund und Ländern zu entscheiden. Die Einführung der zwölfjährigen Wahlzeit ohne die Möglichkeit der Wiederwahl war sehr richtig. Sie führt dazu, daß wir seitdem auch jüngere Richter wählen können.

Das Grundgesetz aus dem Jahr 1949 hat in der Zwischenzeit 38 Änderungen erfahren, darunter so wichtige wie die Notstandsverfassung und die Finanzverfassungsreform. Der Bundestag hat 1972 eine Enquete-Kommission zur Überprüfung der Frage eingesetzt, ob und inwieweit es erforderlich sei, das Grundgesetz den gegenwärtigen und voraussehbaren zukünftigen Erfordernissen anzupassen. Bei den Arbeiten dieser Enquete-Kommission sind die Wertvorstellungen des Grundgesetzes nicht infrage gestellt worden. Die Gesamtkonzeption unserer Verfassung wurde als richtig zugrundegelegt. Die gemachten Vorschläge betrafen die Weiterentwicklung im Verhältnis Regierung – Parlament, oder waren insbesondere durch die europäische Integration bedingt.

Fragen des Umweltschutzes verlangen nach einer gesetzlichen Regelung. Die technische Entwicklung der elektronischen Industrie hat das Bedürfnis nach einem wirkungsvollen Datenschutz aufgezeigt. Ist zur Lösung der Probleme eine Änderung des Wortlauts des Grundgesetzes notwendig oder bietet die Auslegung der bestehenden Verfassung eine ausreichende Grundlage zur Regelung? Die Forderung, neue Verfassungsbestimmungen zu erlassen, kann man als Rechtspositivismus bezeichnen und zurückweisen, denn die Verfassung schließt den Problemkreis mit ein. Die begrenzte Ausdrucksfähigkeit des Verfassungsgesetzgebers darf nicht hindern, daß neue auftauchende Tatbestände mit erfaßt werden. Das bedeutet, daß sich die Ausfüllung der Verfassung, die auch eine Weiterentwicklung bedeuten kann, mit einfachen Gesetzen vollzieht.

Bezüglich des Datenschutzes sehen wir uns mit Möglichkeiten der Technik konfrontiert, an die im Jahre 1949 niemand denken konnte. Der Fortschritt der Technik hat es mit sich gebracht, daß Eingriffe in die Persönlichkeitssphäre stattfinden, die gravierend sind. Andererseits gibt gerade die Technik die Möglichkeit, diese Eingriffe zu begrenzen. Eingriffe in die Umwelt werden mittlerweile von einer Vielzahl von Bürgern als bedrohlich empfunden, sie wirken sich nicht nur unmittelbar auf seinen Lebensbereich aus, sondern auch auf das gesamtökologische Gleichgewicht. Wegen dieser Auswirkungen kann man eher die Frage nach neuen Verfassungsbestimmungen erörtern. Der aus dem Grundrecht auf Leben und körperliche Unversehrtheit begründete Abwehranspruch des einzelnen umfaßt nicht Umweltbelastungen durch staatliche Maßnahmen, die nicht unmittelbar mit einer Gefährdung des Lebens oder der körperlichen Unversehrtheit des einzelnen verbunden sind, sondern „nur" den Naturhaushalt beeinträchtigen. Soll etwa in die Verfassung ein Individualrecht auf Umweltschutz eingefügt werden? Oder sollte der Umweltschutzgedanke eher abstrakt in der Verfassung verankert werden? Etwa in der Form, daß eine auch den Schutz des Ökosystems einbeziehende Staatszielbestimmung in das Grundgesetz eingefügt wird, wie Kölble es vorschlägt?

Diese Fragen werden vom Wertordnungssystem unserer Verfassung mit erfaßt. Die Konkretisierung kann durch einfaches Gesetz erfolgen.

Gerade bei diesen Problemen drängt sich die Frage auf, ob der frühere § 97 BVerfGG nicht hilfreich sein könnte, der bestimmte:
1) Der Bundestag, der Bundesrat und die Bundesregierung können in einem gemeinsamen Antrag das Bundesverfassungsgericht um Erstattung eines Rechtsgutachtens über eine bestimmte verfassungsrechtliche Frage ersuchen.
2) Dasselbe Recht steht dem Bundespräsidenten zu.
3) Das Rechtsgutachten wird vom Plenum des BVerfG erstattet.

Es wäre zu erwägen, ob die Möglichkeit einer gutachtlichen Äußerung des Bundesverfassungsgerichts wieder in das BVerfGG einzufügen wäre. Diese Möglichkeit könnte dann so gestaltet werden, daß im Gesetzgebungsverfahren – evtl. vor der Verkündung – das BVerfG die Vereinbarkeit dieses Gesetzes mit dem GG prüft. Dies wäre eine ähnliche Ausgestaltung wie beim französischen conseille constitutionelle. Eine weitere Möglichkeit könnte für den Gesetzgeber (oder die politische Führung) geschaffen werden, gesellschaftliche Zielvorstellungen auf ihre Verfassungsgemäßheit prüfen zu lassen. Voraussetzung wäre selbstverständlich ein gewisser Konkretisierungsgrad dieser Zielvorstellung.

Die Möglichkeit einer gutachtlichen Äußerung würde dem Gesetzgeber wichtige Hinweise geben. Er könnte seine Vorhaben effektiver gestalten. Die umfänglichen Prüfungen der Verfassungsmäßigkeit von Gesetzesvorhaben würde reduziert. Die Gesetzgebungsmaschinerie würde reibungsloser gestaltet. Nicht zuletzt würde der fatale Eindruck eines Unterliegens in Karlsruhe vermieden werden können.

Durch die Wiedereinführung der gutachtlichen Äußerung in oben skizzierter Form wäre die in der Verfassung vorgenommene Zuständigkeitsverteilung zwischen den Verfassungsorganen Bundestag/Bundesrat einerseits und Verfassungsgericht andererseits verwischt. Die Äußerung des BVerfG hätte in der politischen Wirklichkeit ein solches Gewicht, daß sie tatsächlich zwingende Vorschriften für den Gesetzgeber enthalten würde, denen er sich nicht entziehen könnte. Der Handlungsspielraum des Gesetzgebers wäre ganz entscheidend eingeengt.

Wie bereits ausgeführt, ist die Verfassung nicht statisch, sondern es müssen sich die gesellschaftlichen Veränderungen auf sie auswirken. Das Gutachten des Gerichts könnte nur vom gegenwärtigen Tatbestand ausgehen. Eine Prognose ließe sich nur in begrenztem Umfange stellen, insbesondere, wenn es um die Begutachtung von Zielvorstellungen gehen sollte. Diese Prognose kann in einer mehr oder minder langen Zeit überholt sein.

Bei Änderung der Verhältnisse wäre der Gesetzgeber an das Gutachten de facto gebunden, jedenfalls wäre ein Abweichen kaum möglich.

Im Zusammenhang mit in der Öffentlichkeit stark beachteten Entscheidungen der letzten Jahre hat sich eine Diskussion mit der Fragestellung entzündet, ob die Rechtsstellung des BVerfG Reformen verhindert oder in Bahnen drängt, die nicht gewollt sein können.

Mit Reformen sind hier Gesetze gemeint, die einen Lebenssachverhalt neu regeln und geänderten Vorstellungen in der Gesellschaft gerecht werden oder gesellschaftliches Verhalten in bestimmte Richtungen bewegen wollen.

Zunächst ist zu sagen, daß das BVerfG selbst Reformen verwirklicht hat. Die Gleichstellung der unehelichen mit den ehelichen Kindern ist ihm zu verdanken, es hat den Grundsatz des rechtlichen Gehörs ausgebaut. Es hat in anderen Fällen den Gesetzgeber zu einer Reformpolitik verpflichtet, z. B. bei der Gleichstellung von Mann und Frau im Rentenrecht.

Andererseits hat es Reformvorstellungen des Gesetzgebers zunichte gemacht oder wesentlich beschnitten. Dabei handelte es sich z. T. um solche Reformvorhaben, die die Interessenpositionen anders bewerteten. Als Beispiele will ich nur anführen die im Bremischen Personalvertretungsgesetz vorgesehene Mitbestimmung, die in Hochschulgesetzen versuchte Parität von Lehrenden und Lernenden. Dadurch entsteht die Gefahr, daß der Gesetzgeber mit Blick auf Karlsruhe und aus Furcht vor einer Kassation seiner Entscheidung sich gar nicht erst an Reformvorhaben heranwagt, die das überkommene Ordnungsgefüge berühren könnten. Das zieht aber eine – wie ich meine – unzulässige Einschränkung der Regelungsmöglichkeiten und auch Regelungsnotwendigkeiten durch den Gesetzgeber nach sich.

Der Aktionsradius der politischen Führung verringert sich. Das BVerfG hat in verschiedenen Fällen eine angegriffene Regelung zwar als verfassungsgemäß erklärt, sie aber gleichzeitig so ausgelegt, daß der Gesetzgeber gehindert ist, sie in Zukunft möglicherweise entstehenden tatsächlichen Änderungen anzupassen. Dabei wird z. T. eine bedenkliche Ferne zur Realität offengelegt. Wenn im Urteil über den Grundlagenvertrag im Zusammenhang mit der vertraglich vereinbarten Unverletzlichkeit der Grenze zwischen der Bundesrepublik und der DDR diese Grenze in ihrer Qualität mit den Grenzen zwischen den Bundesländern gleichgestellt wird, so kann das nicht nur dem Politiker, sondern jedem Bürger, der diese Grenze erfahren hat, wenig einleuchten. Tatsächlich ist es doch die Grenze zwischen zwei Weltanschauungen, zwischen zwei Machtblöcken.

Dieser Vertrag ist die Folge tatsächlicher Veränderungen, die durch entscheidende Umwälzungen in der Welt entstanden sind. Es ist auch eine Folge geänderter Anschauungen in unserem Volke. Die Auslegung des Gerichts, die auch künftige Vertragsinhalte vorschreibt, wird diesen veränderten Verhältnissen nicht gerecht. Ich kann insoweit dem Ausspruch Geigers, „Das Gericht hat . . . . . nur ein Ziel im Auge zu haben: die Durchsetzung des geltenden Verfassungsrechts ohne Rücksicht auf das, was die Politiker an Programmen, Zielen oder politischen Entscheidungen verfolgen", in diesem Rigorismus nicht zustimmen. Was die Politiker an Programmen, Zielen verfolgen, entsteht nicht im luftleeren Raum, sondern findet seine Begründung – oftmals seine zwingende Notwendigkeit – in der Realität des menschlichen Zusammenlebens, in der Realität des Verfassungslebens. Daß sich diese Realitäten ändern können, ja müssen, liegt in der Dynamik der Gesellschaft. Dem trägt die Dynamik der Verfassung Rechnung. Dem muß auch das Gericht folgen.

Die Weiterentwicklung der Verfassung stellt uns alle und damit auch das BVerfG vor schwierige Probleme. Ich darf an Art. 33 Abs. V GG erinnern:

„Das Recht des öffentlichen Dienstes ist unter Berücksichtigung der hergebrachten Grundsätze des Berufsbeamtentums zu regeln".

Ich kann mich des Eindrucks nicht erwehren, daß das BVerfG nicht nur „hergebrachte" Grundsätze festgestellt, sondern neue Grundsätze aufgestellt hat. Das entspricht weder dem Wortlaut noch dem Sinn des Gesetzes. In seinem Beschluß vom 30. März 1977 wird der Begriff der Beamtenfamilie verwendet, den die Verfassung nicht kennt. Ich zitiere LS 3:

„Art. 3 Abs. 5 GG, der heute auch im Zusammenhang mit den in Art. 6 GG und im Sozialstaatsprinzip enthaltenen Wertentscheidungen der Verfassung zu sehen ist, verlangt, daß in der Lebenswirklichkeit die Beamten ohne Rücksicht auf die Größe einer Familie sich annähernd das gleiche leisten können".

Was das Gericht als angemessen für den Lebensunterhalt der Beamtenfamilie aufzählt, sollte aber in der Lebenswirklichkeit für *jede* Familie in unserem Lande gelten. Es besteht die Gefahr, daß hier eine Entwicklung vorgezeichnet wird, die einen Sonderstatus des Beamten, der nicht im Einklang steht mit dem gesamtgesellschaftlichen Umfeld, festschreibt. Der Bundestag hat die Entscheidung respektiert, aber den Grundsätzen in anderer Weise Geltung verschafft.

Im Urteil vom 5. November 1975 hat das BVerfG nicht nur den Status des Abgeordneten abgegrenzt, sondern sich auch mit der Ausgestaltung des Status im einzelnen beschäftigt. Hätte das Gericht sich auf die Umschreibung des Status beschränkt, wäre die Entscheidung zu begrüßen gewesen. Denn gerade auf diesem Gebiet wäre eine Rechtsgestaltung des Gerichts hilfreich gewesen, weil sie alle Parlamente betrifft. Kein anderes Verfassungsorgan ist in der Lage, Regelungen für Bundes- und Landesparlamente anzuregen.

Der Bundestag hat allzu wortgetreu die Ausführungen des Gerichts als Richtschnur für eine Regelung genommen. Ich habe Verständnis für den bayerischen Landtag, der – entgegen der Ansicht des BVerfG – herausgehobene Funktionen einzelner Abgeordneter mit besonderen Dotationen versieht. Diese Entscheidung ist eine unmittelbar eigene des Parlaments.

Bei der Beurteilung von Prognosen des Gesetzgebers hat das BVerfG unterschiedliche Maßstäbe zugrunde gelegt. Sie reichen von der Evidenzkontrolle über die Vertretbarkeitskontrolle bis zur inhaltlichen Kontrolle. Das Gericht hat dem Gesetzgeber Zeit zum Sammeln von Erfahrungen gegeben, andererseits jegliches Experiment untersagt. Seine Maßstäbe sind dann besonders streng, wenn Rechtsgüter des Lebens oder der Freiheit der Person auf dem Spiele stehen.

„Prognose ist nicht nur eine Kunst, sondern auch eine Glückssache" hat Bundeskanzler Schmidt einmal gesagt. Darüber besteht sicher Einigkeit. Sollte sich dann das BVerfG mit einer Glückssache befassen?

In der Regel ist es nicht exakt berechenbar, wie sich eine gesetzliche Bestimmung in der Zukunft auswirken wird. Die Unsicherheit ist umso größer, je weitreichender und komplexer die Zusammenhänge sind. Im Bereich der Wirtschaft ändern sich Voraussetzungen einer Regelung auch durch internationale Abhängigkeiten, aber auch durch einen Wandel gesellschaftlicher Anschauungen.

Das Gericht kommt im Mitbestimmungsurteil zu dem Schluß: „Die Prognose des Gesetzgebers ist vertretbar. Dieser Maßstab verlangt, daß der Gesetzgeber sich an einer sachgerechten und vertretbaren Beurteilung des erreichbaren Materials orientiert hat. Er muß die ihm zugänglichen Erkenntnisquellen ausgeschöpft haben, um die voraussichtlichen Auswirkungen seiner Regelung so zuverlässig wie möglich abschätzen zu können und einen Verstoß gegen Verfassungsrecht zu vermeiden." ..... „Wenn er sich auf dieser Grundlage für die Lösung des Mitbestimmungsgesetzes entschieden hat, so ist die damit verbundene Beurteilung der Auswirkungen des Gesetzes als vertretbar ansehbar, mag sie sich später auch teilweise oder gänzlich als Irrtum erweisen, so daß der Gesetzgeber zur Korrektur verpflichtet ist. Das BVerfG kann nicht von einem anderen Verlauf der Entwicklung ausgehen und prüfen, ob die angegriffenen Vorschriften des Mitbestimmungsgesetzes bei Zugrundelegung eines solchen Verlaufs verfassungsrechtlich zu beanstanden wären. Im gegenwärtigen Zeitpunkt kann die Frage nur dahingehen, ob die Vorschriften bei Zugrundelegung der vertretbaren Prognose des Gesetzgebers mit dem Grundgesetz vereinbar sind."

Ich habe so ausdrücklich zitiert, weil dem voll und ganz zugestimmt werden kann. Aus der Erkenntnis, daß jede Prognose mit Fehlern behaftet sein kann, beschränkt sich das Gericht auf die Überprüfung, ob die Prognose des Gesetzgebers in vertretbarer Weise gefunden wurde. Deshalb darf die Rechtskraft einer Entscheidung des Gerichts nicht die Prognose mit umfassen.

Nach § 31, Abs. 2 BVerfGG haben die Entscheidungen des Gerichts in bestimmten Fällen Gesetzeskraft, nach § 31, Abs. 1 Bindungswirkung. Diese „Rechtskraft" besteht für alle Zeit, es sei denn, daß ein konkreter Fall Veranlassung gibt, von der bisherigen Rechtsprechung abzuweichen. Dabei ist aber zu bedenken, daß dieser Fall überhaupt erst bis zum BVerfG gelangen müßte. Der Weg dahin ist bekanntermaßen schwierig. Keine Lösungsmöglichkeit wäre, wenn das BVerfG nach einer bestimmten Frist „automatisch" seine Entscheidungen überprüfen würde.

Das BVerfG hat gegenüber dem Gesetzgeber auf Verwirklichung von Verfassungsaufträgen zu drängen. Sei es die Gleichstellung der unehelichen Kinder mit den ehelichen Kindern in Art. 6 GG oder die Verwirklichung der Gleichberechtigung von Mann und Frau im Rentenrecht. Es sind oftmals Materien, an die sich der Gesetzgeber aus unterschiedlichen

Gründen nicht heranwagt. Im Interesse der Betroffenen muß das BVerfG hier Verwirklichung fordern. Für meine Begriffe bemerkenswert ist in diesen Fällen der Langmut des Gerichts: Die Nichtehelichen durften 20 Jahre vertröstet werden. Hier scheint mir das dem Gesetzgeber eingeräumte Ermessen im Vergleich zu anderen Entscheidungen unangemessen hoch. Das Gericht hat in einer Vielzahl von Fällen dem Gesetzgeber Hinweise gegeben. Als Politiker befinde ich mich im Hinblick darauf in einer schwierigen Lage. Einerseits muß ich auf klare Kompetenzabgrenzung der Verfassungsorgane achten, insbesondere darauf, daß der Spielraum des Parlaments, als des vom Volke legitimierten Organs, erhalten bleibt, andererseits aber erleichtern es Hinweise, Verfassungsverstöße zu vermeiden. Es ist hilfreich, wenn das Gericht in obiter dicta Begriffe, die die Verfassung nennt, in Bezug auf einen konkreten Fall ausdeutet und abgrenzt. Dabei sollte es sich jedoch restriktiv verhalten und deutlich machen, daß es eben nur darum geht. Das Gericht darf nicht Lösungsmöglichkeiten anbieten, die Interessengegensätze und Interessenausgleich betreffen. Deren Regelung ist allein der Politik vorbehalten. Im Urteil über die Parteienfinanzierung hat das BVerfG den in der Verfassung immanent enthaltenen Begriff der Chancengleichheit so ausgelegt, daß diese nur gewahrt ist, wenn alle Parteien, die mindestens 0,5 % der Wählerstimmen errungen haben, eine Erstattung der Wahlkampfkosten erhalten. Diesen Hinweis an den Gesetzgeber, wie er den Begriff der Chancengleichheit auszugestalten hat, halte ich für legitim.

Das Grundgesetz kennt den Begriff des Vorbehalts des Gesetzes. Das BVerfG hat in einem Beschluß vom 25. 10. 75 ausgeführt: „Staatliches Handeln, durch das dem einzelnen Leistungen und Chancen gewährt und angeboten werden, ist für eine Existenz in Freiheit oft nicht weniger bedeutungsvoll als das Unterbleiben eines Eingriffs. Hier wie dort kommt dem vom Parlament beschlossenen Gesetz gegenüber dem bloßen Verwaltungshandeln die unmittelbarere demokratische Legitimation zu, und das parlamentarische Verhalten gewährleistet ein höheres Maß an Öffentlichkeit der Auseinandersetzung und Entscheidungssuche und damit auch größere Möglichkeiten eines Ausgleichs widerstreitender Interessen. All das spricht für eine Ausdehnung des allgemeinen Gesetzesvorbehaltes über die überkommenen Grenzen hinaus. Auch außerhalb des Bereichs des Art. 80 GG hat der Gesetzgeber die grundlegenden Entscheidungen selbst zu treffen und zu verantworten".

Ich begrüße diese Aussagen.

Diese Aussagen führen zu einer wesentlichen Stärkung des Parlaments. Die grundlegenden Leitentscheidungen stehen ihm zu, nicht etwa der Verwaltung. Andererseits ergibt sich durch eine m. E. überstrapazierte Auslegung der „grundlegenden Entscheidung" für das Parlament der Zwang zu detaillierten Regelungen. Ein Beispiel:

Wir haben über das Güterkraftverkehrsgesetz – über eine Novelle – zu beschließen gehabt. In der Begründung dieser Novelle steht folgendes:

„Das Güterkraftverkehrsgesetz enthält in der zur Zeit geltenden Fassung keine besonderen Kriterien und Maßstäbe über die Vergabe von Genehmigungen für den Güterfernverkehr. Die Vergabe der Genehmigungen an Bewerber erfolgt bisher anhand der verkehrswirtschaftlichen Ziele des Gesetzes nach pflichtgemäßem Ermessen der Genehmigungsbehörden. Das Bundesverfassungsgericht hat in seinem Beschluß vom 14. Oktober 1975 über die Verfassungsmäßigkeit der Kontingentierung der Kraftfahrzeuge für den Güterfernverkehr dem Gesetzgeber nahegelegt zu prüfen, ob die Maßstäbe und Kriterien, die bei der Vergabe der Genehmigungen zugrunde zu legen sind, nicht im Gesetz selbst deutlich Ausdruck finden sollten. Das Bundesverwaltungsgericht hat schließlich in 2 Urteilen vom 3. November 1976 eine gesetzliche Regelung der Vergabekriterien für verfassungsrechtlich geboten gehalten."

Und so ist eine Novelle verabschiedet worden, eine Novelle, die, das muß man nun in aller Deutlichkeit sehen, versucht, Begriffe einzuführen und abzugrenzen und damit auch ganz neue Verwaltungswege, neue Ausdehnung der Bürokratie, neue Rechtsprechung mit sich bringt, ganz zwangsläufig.

Ich will etwas zweites sagen: Bei einer Tagung in Loccum, im Dezember 1977, hat der bayerische Kultusminister, Dr. Maier, sehr ausführlich und sehr besorgt dargelegt, daß nach der Rechtsprechung höchster Gerichte die jeweils zuständigen Parlamente nicht umhin kommen, das ganze Schulrecht gesetzlich zu regeln.

Durch diesen Zwang wird die Rollenverteilung zwischen Gesetzgebung und Verwaltung nachhaltig verändert. Je mehr Details das Parlament regelt, desto mehr wird die Verwaltung eine rein subsumierende Vollzugsverwaltung, das schöpferische Element geht verloren.

Das verfassungsrechtlich begründete Drängen des BVerfG, daß Eingriffe in die Rechte des einzelnen mit Gesetzen geregelt werden, ist offensichtlich der Preis für den Rechtsstaat. Unberührt davon ist die Frage, ob die Anwendung des Gesetzes durch die Exekutive entsprechend der ratio des Gesetzes erfolgt.

Um wenigstens den Bundestag von einer Fülle von Detailfragen zu entlasten, hat die Enquete-Kommission Verfassungsreform untersucht, ob der Regierung ein gesetzesunabhängiges, selbständiges Verordnungsrecht zugestanden werden sollte. Aus mehreren Gründen, die ich hier nicht alle nennen will, wurde dieser Vorschlag abgelehnt. Die Kommission war der richtigen Ansicht, daß es für unser System der checks and balances besser sei, das Parlament notfalls mit Arbeit zu überfrachten, als der Regierung zuviel Macht zu geben.

Parlament und Regierung sind bei allen Regelungen bemüht, im Rahmen der Verfassung zu bleiben. Im Laufe des Gesetzgebungsverfahrens gibt es verschiedene Stufen der Überprüfung der Verfassungsmäßigkeit. Diese Überprüfung geschieht in zunehmendem Maße mit Blick nach Karlsruhe. Die Tendenz des BVerfG, dem Gesetzgeber Details vorzugeben, führt aber dazu, daß die politische Führung ihre Zielvorstellungen nur soweit in Gesetze, d. h. in ihrem Verständnis Regelungen für ein besseres Zusammenleben der Menschen, umsetzt, als es ihr mit Blick auf das VerfG machbar erscheint. Nur dies kann auch der Präsident des Bundesverfassungsgerichts, Professor Benda, gemeint haben, als er in einem Interview des Südfunks Stuttgart, am 14. Oktober 1979 sagte:„. . . . Gelegentlich hat man den Eindruck, daß auch heikle, politisch umstrittene und schwierige Fragen ganz gerne den Gerichten zugeschoben werden und der Gesetzgeber sich dann mit etwas zweifelhaften, allgemeinen Wendungen, Generalklauseln und derartigem behilft, die nicht sehr klar die Antwort auf den jeweiligen Sachverhalt geben".

Oft entspricht die gefundene Regelung bei weitem nicht den Zielen und Ansprüchen, mit denen die Politiker im Wahlkampf angetreten sind und für die sie die Legitimation des Volkes erhalten haben. Ein Gesetz ist daher oft nur die Zwischenstation auf dem Wege zur Verwirklichung politischer Ziele. Dabei muß die politische Führung in Kauf nehmen, daß sie an die Grenze der Verfassungsmäßigkeit stößt, sogar, daß sie sie nach Auffassung des BVerfG überschreitet.

Ich möchte nochmals Prof. Benda zitieren: „Möglicherweise wäre die Politik gut beraten, wenn sie selber ein bißchen mehr Mut zur klaren Entscheidung des jeweiligen Sachverhalts hätte".

Anläßlich des 30-jährigen Bestehens des Grundgesetzes ist übereinstimmend betont worden, daß es in Deutschland noch nie eine solch freiheitliche Verfassung gegeben hat. Ich erinnere dabei an ein Wort Heinemanns, der das Grundgesetz mit Recht als Angebot bezeichnet hat. Die Verfassung ist ein Angebot an den Bürger, aber auch von den Verfasssungsorganen des Bundes als solches aufzufassen. Dieses Angebot ist gleichzeitig eine Verpflichtung für alle, die Verantwortung tragen.

Zwischen den Verfassungsorganen Bundesverfassungsgericht und Bundestag ist eine scharfumrissene, in allen Konturen klare Funktionsabgrenzung kaum möglich. Gelegentliches 'Hineinregieren' des Gerichts in den Aufgabenbereich des Parlaments sollte nicht überbewertet werden. Es geschieht nicht aus Leichtfertigkeit, sondern aus Sorge um unsere Verfassung. Nicht zuletzt die öffentliche Diskussion, der sich das Gericht wie jedes andere Verfassungsorgan stellen muß, hat mit dazu geführt, daß es sich auf seine ihm gegebene Rolle besinnt.

Wenn wir wollen – und wir müssen das wollen –, daß dieses Grundgesetz noch in 100 Jahren gilt, daß die darin niedergelegte Wertordnung noch Bestand hat und die Grundlage des staatlichen und gesellschaftlichen Lebens ist, dann muß das Gericht Zurückhaltung üben, um seine notwendige Autorität nicht zu gefährden und um die Handlungsfähigkeit der politischen Führung nicht zu beschneiden.

Stern

Vielen Dank, Herr Hoffmann! Es wäre sicher unangemessen, wenn wir Ihnen nur für den Vortrag danken würden; denn als Mitarbeiter von Herrn Professor Dr. Schäfer werden Sie sicher in manchen Gesprächen das Thema dieses Referats mit erhellt haben. Ich glaube, daß das Referat uns für die Diskussion und auch für den nachfolgenden Redner die schwierige Stellung der Verfassungsgerichtsbarkeit inmitten eines Koordinatensystems von Gesetzgebung, von Regierung und politischer Führung deutlich gemacht hat.

Gerd Roellecke

Verfassungsgerichtsbarkeit, Gesetzgebung und politische Führung

Themen wie „Verfassungsgerichtsbarkeit, Gesetzgebung und politische Führung" heißen im Bundesverfassungsgericht „Elektriker-Themen", weil sie unweigerlich in Spannungsfelder führen[1]. Der Spott ist berechtigt. Die derzeitige Interpretation der Verfassungsgerichtsbarkeit befriedigt nicht. Das wird im ersten Teil meiner Überlegungen zu begründen sein. Dabei wird sich zeigen, daß das Kernproblem die besondere Stellung der Verfassungsgerichtsbarkeit ist. Diesen Besonderheiten gehe ich im zweiten Teil nach. Damit beschränke ich zugleich mein Thema – die allgemeine Gerichtsbarkeit dient nur als Vergleichsobjekt – und lege den Grund für die Klärung des Verhältnisses von Verfassungsgerichtsbarkeit, Gesetzgebung und politischer Führung im dritten Teil.

I

Zur Verfassungsgerichtsbarkeit werden derzeit drei Interpretationen angeboten, die integrationstheoretische, die juristische und die politische.

Die integrationstheoretische Interpretation versteht die Verfassungsgerichtsbarkeit als eine von vielen Stationen im Prozeß der ständigen Herstellung der politischen Einheit der Gesellschaft[2]. Die Aufgabe der Verfassungsgerichtsbarkeit, „die Prozesse der gesellschaftlichen Entwicklung, die sich in staatlichen Akten manifestieren, im Rahmen der Verfassung (und offen) zu halten und behutsam zu steuern"[3], beschreibt zugleich ihr Verhältnis zur Gesetzgebung und zur politischen Führung: Es ist offen. „Formell gesehen hat der Verfassungsrichter das letzte Wort, materiell ge-

---

1) Vgl. Rudolf Dolzer, Die staatstheoretische und staatsrechtliche Stellung des Bundesverfassungsgerichts, Berlin 1972, S. 77: „In dieses Spannungsverhältnis (zwischen Rechtsstaat und Demokratie) ist die Verfassungsgerichtsbarkeit eingeordnet. Eine magische Formel für die Auflösung dieser Dualität gibt es nicht"; weitere Nachweise bei Peter Häberle, Grundprobleme der Verfassungsgerichtsbarkeit, in: Peter Häberle (Hrsg.), Verfassungsgerichtsbarkeit, Darmstadt 1976, S. 1, 3.

2) Rudolf Smend, Festvortrag zur Feier des zehnjährigen Bestehens des Bundesverfassungsgerichts am 26. Januar 1962, in: Bundesverfassungsgericht (Hrsg.), Das Bundesverfassungsgericht, Karlsruhe 1963, S. 23, 37: „Es ist wohlbegründet, daß das Bundesverfassungsgericht unsere Verfassung . . . versteht und anwendet, nicht als Geschäftsordnung für einen wirtschaftlichen und verwaltungstechnischen Zweckverband, sondern als eine gute und gerechte Ordnung für das deutsche Volk".

3) Häberle, Grundprobleme, S. 11.

24

sehen haben *alle* das (letzte) Wort"[4]. Diese Interpretation befriedigt nicht, weil sie keine Unterscheidungen bereitstellt, die Entscheidungen tragen könnten. Zwar beeinflußt in der sozialen Wirklichkeit alles sehr vieles. Aber diese richtige Einsicht beantwortet weder die Frage, ob es nicht Strukturen gibt, die das Verhältnis zwischen Verfassungsgerichtsbarkeit, Gesetzgebung und politischer Führung präziser bestimmen, noch die Frage nach der Verbindlichkeit von Entscheidungen[5].

Was ist eigentlich gemeint, wenn das Bundesverfassungsgericht die Verfassungsbeschwerde eines Untersuchungsgefangenen abweist und er das „(letzte) Wort" hat? Soll der Gefangene seine Enttäuschung in Briefen an den SPIEGEL abreagieren? Die Aussichten, durch SPIEGEL-Briefe etwas zu bewegen, sind vermutlich noch geringer als die Erfolgsquote bei Verfassungsbeschwerden, die immerhin etwa ein Prozent beträgt[6].

Die juristische Interpretation knüpft an das Begriffspaar „Recht und Politik" an. Gestützt auf das Grundgesetz (Art. 92 und 20 Abs. 3) versteht sie Verfassungsgerichtsbarkeit als echte Rechtsprechung, die an Gesetz und Recht gebunden ist[7]. Gesetz und Recht werden als Gegensatz zur Politik gesehen, mit dem Ergebnis, Rechtsanwendung sei Sache der Verfassungsgerichte, Politik sei Sache der Gesetzgebung und der Regierung. Von dieser Basis aus wird dann – um den Wildwuchs der Politik zu beschneiden – das weite Feld des positiven Staatsrechtes beackert, von der Richterwahl[8] über die Gewaltenteilung[9] bis zur Auswärtigen Gewalt[10]. Diese Interpretation – die ich selbst zu einseitig vertreten habe[11] – befriedigt nicht, weil ihr Anspruch höher ist als ihre Leistungsfähigkeit. Im Prin-

---

4) Häberle, Grundprobleme, S. 16.
5) Gleichsinnig die Kritik von Ernst-Wolfgang Böckenförde, Die Methoden der Verfassungsinterpretation – Bestandsaufnahme und Kritik, NJW 1976, S. 2089, 2093.
6) Vgl. Walter Seuffert, Die Verfassungsbeschwerde in der Verfassungsgerichtsbarkeit, in: Bundesverfassungsgericht (Hrsg.), Das Bundesverfassungsgericht 1951–1971, Karlsruhe 1971, S. 159, 167.
7) Die Voraussetzungen, von denen aus die Justizqualität des Bundesverfassungsgerichtes betont wird, sind freilich so verschieden wie die Rechtfertigung des positiven Rechtes. Vgl. auf der einen Seite Ernst Forsthoff, Die Umbildung des Verfassungsgesetzes, in: derselbe, Rechtsstaat im Wandel, Verfassungsrechtliche Abhandlungen 1954–1973, 2. Aufl. München 1976, S. 130, 149; auf der anderen Seite Rainer Eckertz, Die Kompetenz des Bundesverfassungsgerichtes und die Eigenheit des Politischen, Der Staat 1978, S. 183 ff.
8) Werner Billing, Das Problem der Richterwahl zum Bundesverfassungsgericht, Berlin 1969.
9) Rolf Wank, Grenzen richterlicher Rechtsfortbildung, Berlin 1978, S. 82 ff.
10) Folke Schuppert, Die verfassungsgerichtliche Kontrolle der auswärtigen Gewalt, Baden-Baden 1973; Franz-Christoph Zeitler, Verfassungsgericht und völkerrechtlicher Vertrag, Berlin 1974.
11) Gerd Roellecke, Politik und Verfassungsgerichtsbarkeit, Heidelberg 1961; Die Bindung des Richters an Gesetz und Verfassung, VVDStRL 34 (1976) S. 7 ff., 126.

zip klammert sie alles aus, was sich nicht mit den üblichen Mitteln der Textexegese begründen läßt, und das Ausgeklammerte nennt sie Politik[12]. Diese Beschränkung der Argumentationsbasis ist zwar angemessen und fruchtbar, soweit staatsrechtliche Einzelprobleme von der Zulässigkeit der Verfassungsbeschwerde bis zur verfassungskonformen Auslegung diskutiert werden. Sie macht aber die Strukturen der rechtsstaatlichen Demokratie nicht sichtbar. Wenn man die Politik ausklammert, erscheint das Bundesverfassungsgericht als eine Art Super-Amtsgericht, auf dessen Begriffshorizont die anderen Staatsorgane eingestellt werden: Die Gesetzgebung wird zur Gesellschafterversammlung, die politische Führung zum Topmanagement und beide haben Gestaltungsfreiheit im Rahmen des GmbH-Gesetzes, sprich: der Verfassung. Da aber jedermann weiß, daß ein Amtsgericht das Landgericht über sich und die Polizei hinter sich hat, während ein Verfassungsgericht die Polizei vor sich hat und über sich nur den blauen Himmel, empfiehlt man judicial self-restraint, eine Empfehlung, deren Wolkigkeit das sicherste Zeichen für die juristische Vernebelung von Problemen ist.

Demgegenüber will die dritte, die politische Interpretation die Verfassungsgerichtsbarkeit aus dem politischen Gesamtsystem verstehen. Die einen bezeichnen beispielsweise das Bundesverfassungsgericht als Krönung des Rechtsstaates, weil sie die Bundesrepublik als Rechtsstaat sehen[13]. Für andere ist das Bundesverfassungsgericht ein ideologisch geschöntes Repressionsinstrument, weil sie die Bundesrepublik als semidemokratischen Unterdrückungsstaat sehen. Für wieder andere dient die Verfassungsgerichtsbarkeit der Bewältigung von Legitimitätskrisen und Modernisierungsproblemen, weil sie die Bundesrepublik in der durch Staatsinterventionismus und soziale Ansprüche gekennzeichneten Phase des Spätkapitalismus sehen[14]. Das heißt, wie die Verfassungsgerichtsbarkeit verstanden wird, hängt vom Verständnis des Gesamtsystems ab. Diese Interpretation befriedigt aus zwei Gründen nicht. Einmal setzt sie zu hoch

---

12) Aus der unübersehbar gewordenen Literatur drei jüngere Beispiele: Reinhard Schubert / Franz Thedieck, Grundrechtstheorie und legislative Gestaltungsfreiheit, ZRP 1979, S. 254 ff.; Wolf-Rüdiger Schenke, Der Umfang der bundesverfassungsgerichtlichen Überprüfung, NJW 1979, S. 1321 ff.; Peter Lange, Die Letztentscheidungsbefugnis des Bundesverfassungsgerichts bei Verfassungskonflikten, Verwaltungsrundschau 1979, S. 48 ff. Im einzelnen bedürften die Funktion und der politische Hintersinn dieser Reduktionstechnik freilich der genaueren Analyse. So gibt es Argumentationen, welche die Politik in das Recht einbeziehen, indem sie sie normativieren und moralisieren, etwa bei Rainer Eckertz, Der Staat 1978, S. 183, 198 f., wo Politik mit einer – wenn auch nur postulierten – Wahrheit des Konsensus gerechtfertigt wird, die allerdings bei dogmatischen Entscheidungen zu Distanznahmen zerrinnt.

13) Heinz Laufer, Verfassungsgerichtsbarkeit und politischer Prozeß. Studien zum Bundesverfassungsgericht der Bundesrepublik Deutschland, Tübingen 1968, S. 19 ff.

14) Otwin Massing, Das Bundesverfassungsgericht als Instrument sozialer Kontrolle, in: Mehdi Tohidipur (Hrsg.), Verfassung, Verfassungsgerichtsbarkeit, Politik, Frankfurt am Main 1976, S. 30, 41, 45.

an, nämlich auf der Ebene der Systemkritik. Von dort kann man zwar moralische Prinzipien und sozialen Wandel diskutieren, aber kaum einzelne Rechtseinrichtungen. Die nehmen immer die Farbe der Prinzipien an. Wenn man das kapitalistische System als unmoralisch verwirft, kann man natürlich die Institutionen des Systems nicht verschonen, aber auch das Verhältnis der Institutionen zueinander nicht klären, oder allenfalls auf der Basis des kritisierten positiven Staatsrechtes. Das heißt, wenn man über Verfassungsgerichtsbarkeit, Gesetzgebung und politische Führung vernünftig sprechen will, muß man sich auf das System einlassen, in dem die Einrichtungen funktionieren[15], und darf es nicht von irgendeinem Vorverständnis aus glorifizieren oder diskreditieren. Damit bin ich bei meinem zweiten Einwand. Von der Ebene der Systemkritik aus – und dazu rechne ich Diskreditierung ebenso wie Glorifizierung – kann man nicht erklären, warum das kritisierte System und seine Einrichtungen überhaupt arbeiten. Wenn die Bundesrepublik ein gerechter Staat ist, ist das Bundesverfassungsgericht nicht ihre Krönung, sondern eine höchst überflüssige Einrichtung. Und wenn die Bundesrepublik ein ungerechter Staat ist, fragt man sich, warum sie blüht und was sie verlöre, würde sie ein gerechter Staat. Letzlich führt das grobe Instrument der Systemkritik überhaupt nicht zu Erklärungen, sondern nur zu Parteinahmen[16].

Die gemeinsame Schwäche der drei Interpretationsangebote liegt in ihrer mangelnden Trennschärfe. Der Integrationstheorie ist die Verfassungsgerichtsbarkeit ein Integrationsfaktor neben anderen. Wenn sie sie für besonders wichtig hält, dann aus Gründen, die wenig mit Integration und viel mit der Notwendigkeit von Entscheidungen zu tun haben. Die juristische Interpretation wirft allgemeine Gerichtsbarkeit und Verfassungsgerichtsbarkeit in einen Topf und kann die Verfassungsgerichtsbarkeit – um im Bild zu bleiben – höchstens als besonders kraftspendende

---

15) Vgl. G.W.F. Hegel, Grundlinien der Philosophie des Rechts, herausgegeben von Georg Lasson, 3. Aufl. Leipzig 1930, Vorrede S. 15: „Das *was ist* zu begreifen, ist die Aufgabe der Philosophie; denn das, *was ist*, ist die Vernunft".

16) Ein Beispiel ist die Diskussion über die Kontroverse zwischen Bundeskanzler Schmidt und dem Präsidenten des Bundesverfassungsgerichtes Benda am 1. Oktober 1978 anläßlich einer Diskussion in der Evangelischen Akademie Tutzing. Der Bundeskanzler empfahl dem Bundesverfassungsgericht mehr Selbstbeschränkung; er schöpfe seine Richtlinienkompetenz auch nicht aus. Der Präsident des Bundesverfassungsgerichtes erklärte diese Empfehlung für geschmacklos. Welche Gelegenheit, Rollenkonflikte und Gesprächssituationen zu analysieren und zu fragen, welche legalen und faktischen Möglichkeiten ein Kanzler hat, Regierungs-, und ein Präsident, Senatsbeschlüsse zu beeinflussen! Stattdessen haben Otwin Massing und Winfried Steffani darüber gestritten, ob der Präsident des Bundesverfassungsgerichtes zu Recht oder zu Unrecht empfindlich reagiert habe, und was das für das demokratische Bewußtsein in der Bundesrepublik bedeute. Siehe Otwin Massing, „Verfassungskonsens" als Alibi. Anmerkungen zur Kritik des Präsidenten des Bundesverfassungsgerichtes an Kanzler und Parlament, ZParlF 1979, S. 119 ff., und Winfried Steffani, Verfassungskonsens als Problem. Anmerkungen zu einer Kontroverse, ZParlF 1979, S. 125 ff.

Portion präsentieren. Die politische Interpretation schließlich ist mehr am Herd als an den Töpfen interessiert und neigt dazu, von der Sauberkeit des Herdes auf die Bekömmlichkeit der Speisen zu schließen.

II

Will man diese Schwächen vermeiden, so muß man systemimmanent, mit ausreichender Trennschärfe und über das positive Recht hinaus argumentieren. An sich setzt das eine nicht-normative Theorie des Staates voraus. Eine solche Theorie kann ich aber nicht anbieten, weil ich sie nicht habe. Ich habe deshalb Anleihen bei der Systemtheorie gemacht, wie sie in Deutschland vor allem Niklas Luhmann[17] vertritt. Unter dieser Voraussetzung werde ich im zweiten Teil meiner Überlegungen die Besonderheiten der Verfassungsgerichtsbarkeit in der Weise herauszuarbeiten versuchen, daß ich unterstelle, die Verfassungsgerichtsbarkeit sei Gerichtsbarkeit wie jede andere, die Charakteristica der Gerichtsbarkeit beschreibe und dann die Abweichungen der Verfassungsgerichtsbarkeit nenne.

Wenn man Gerichtsverfassungs- und Prozeßrecht zusammenzieht, kann man Gerichtsbarkeit im allgemeinen durch vier Merkmale charakterisieren: durch die Beschränkung auf juristische Argumente, Bindung an eigene Entscheidungen, politische Neutralisierung und besondere Vollstreckungsbefugnisse.

Beschränkung auf juristische Argumente bedeutet: der Richter darf seine Entscheidungen nur mit sicheren, nachprüfbaren und rekonstruierbaren Gründen rechtfertigen, seien es Fakten, seien es Normen. Die Prozeßbeteiligten kommen mit bestimmten Hoffnungen und Erwartungen zu ihm, die sie, wenn auch mit unterschiedlichen Ergebnissen, schon aus dem geltenden Recht abgeleitet haben. Auf diesen Horizont muß sich der Richter einstellen. Sonst wird er seiner Aufgabe nicht gerecht. Einige Prozeßbeteiligte muß er zwar immer enttäuschen. Er enttäuschte aber alle, wenn er die Erwartungen der anderen aus Gründen bestätigte, mit denen sie nicht rechnen konnten. Insbesondere muß der Richter „ohne Ansehung der Person" entscheiden. Auch ein sozial Schwacher erwartet von ihm Recht und nicht Barmherzigkeit. Der Richter muß also die Rollen respektieren, in denen ihm die Prozeßbeteiligten gegenübertreten: als Vermieter, Käufer, Straftäter, Eigentümer. Die Pflicht, Rollen zu respektieren, verbietet ihm insbesondere, die Folgen seiner Entscheidung zu berücksichtigen, soweit sie über die rechtlich angeordneten Rechtsfolgen hinaus gehen[18]. Ob ein Verkäufer Arbeiter oder Unternehmer, rechts oder links, kinderlos

---

17) Rechtssoziologie, Reinbek bei Hamburg 1972, Band 2 S. 234 ff.; Funktionen der Rechtsprechung im politischen System, in: Niklas Luhmann, Politische Planung, Aufsätze zur Soziologie von Politik und Verwaltung, 2. Aufl. Opladen 1975, S. 46 ff.; Politische Verfassungen im Kontext des Gesellschaftssystems, Der Staat 1973, S. 1 ff. und 165 ff.

18) Näher Gerd Roellecke, VVDStRL 34 (1976) S. 7, 23.

oder kinderreich ist, muß ihm prinzipiell ebenso gleichgültig sein wie die politischen Auswirkungen seiner Entscheidung. Die muß der Gesetzgeber korrigieren.

Die Bindung an die eigenen Entscheidungen ist mit der Beschränkung auf juristische Argumente eng verwandt. Sie ergibt sich einmal aus dem Gleichheitssatz. Der Richter muß gleiche Fälle gleich entscheiden[19]. Zum anderen ergibt sie sich aus der Einbindung des Richters in eine Gerichtsorganisation. Im Kollegialgericht muß der Berichterstatter seinen Entscheidungsvorschlag so begründen, daß die Kollegen mitziehen. Der Amtsrichter möchte vom Landgericht nicht aufgehoben werden. Das Oberlandesgericht möchte – schon aus Gründen der Arbeitsersparnis – mit seiner Rechtsprechung Gefolgschaft finden. Diesen gegenseitigen Erwartungen können die Richter nur bei einigermaßen konsistenter Rechtsprechung entsprechen.

Beides – die Beschränkung auf juristische Argumente und die Bindung an die eigenen Entscheidungen – ist nur möglich, wenn die Rechtsprechung politisch neutralisiert wird[20], wenn sie den tausenderlei Wünschen und Forderungen aus dem breiten Publikum nicht schutzlos ausgeliefert ist. Dazu tragen die richterliche Unabhängigkeit und die Formalisierung des Verfahrens bei. Sie genügen aber nicht. Das Publikum darf seine politischen Wünsche und Forderungen erst gar nicht an den Richter herantragen. Deshalb gehören Professionalisierung – also: besondere Ausbildung, besondere Fachkunde, besonderes Berufsethos, besonderer Status – und außerordentliches Prestige – wie nach angelsächsischer Tradition – oder Anonymität – wie nach deutscher Tradition – zur politischen Neutralisierung der Rechtsprechung.

Alle drei Merkmale zusammen machen verständlich, daß die Zwangsvollstreckung, das heißt die Durchsetzung des Rechtes bis zur Anwendung physischer Gewalt, auf die richterliche Entscheidung bezogen wird. Luhmann[21] hat ganz recht, wenn er betont, nur die rigorose Beschränkung auf den „Fall", die fallbezogene Kontrolle und die politische Neutralisierung der Justiz machten die Anwendung physischer Gewalt erträglich. Hinzu kommt ein weiteres. Die Zwangsvollstreckung erlaubt die Anpassung der richterlichen Entscheidung an die Verhältnisse der Prozeßbeteiligten und umgekehrt die Anpassung der Verhältnisse der Prozeßbeteiligten an die richterliche Entscheidung, von der vorläufigen Vollstreckbarkeit über die Arten der Vollstreckung bis zum Vollstreckungsschutz. Die Zwangsvollstreckung ist die Phase des Verfahrens, in der – aber aufgrund Gesetzes –

---

19) Dazu näher Hans-Martin Pawlowski, Überlegungen zur Gerechtigkeit des Rechts, in: Hans Hablitzel / Michael Wollenschläger (Hrsg.), Recht und Staat, Festschrift für Günther Küchenhoff zum 65. Geburtstag am 21. August 1972, Berlin 1972, Band 1 S. 139, 147.

20) Das ist der Gesichtspunkt, den vor allem Niklas Luhmann, Funktionen der Rechtsprechung im politischen System, in: Niklas Luhmann, Politische Planung, Aufsätze zur Soziologie von Politik und Verwaltung, 2. Aufl. Opladen 1975, S. 46, 49, betont.

21) Rechtssoziologie, Reinbek bei Hamburg 1972, Band 2 S. 240.

die Folgen des Richterspruches zu bedenken sind, in welcher der Richter beispielsweise Fristen für die Räumung von Wohnraum gewähren (§ 721 ZPO) oder die Erzwingung von Unterlassungen und Duldungen kontrollieren kann (§ 890 ZPO)[22].

Diese vier Charakteristica der Rechtsprechung erinnern zunächst an eine Trivialität: daß diese Art von Rechtsprechung eine bestimmt geartete soziale Ordnung voraussetzt, in der auch das entschieden wird, was die Rechtsprechung nicht entscheiden kann, und zwar nach Regeln, auf die man sich einrichten kann. Irgendwo müssen die weiteren Folgen richterlicher Entscheidungen abgeblockt oder gefördert werden. Irgendwo muß der Richter von seinen eigenen Präjudizien entbunden werden. Irgendwo müssen politische Wünsche und Forderungen eine Artikulations- und Durchsetzungschance haben. Irgendwo müssen Konsequenz und Großzügigkeit des Richters kanalisiert werden. Wir wissen, wie unsere Rechtsordnung diese Frage beantwortet: mit Gewaltenteilung, mit der Einrichtung verschiedener Verfahren für Rechtsprechung, Gesetzgebung und politische Führung. Damit ist etwas einfach geworden, das in weniger differenzierten Rechtsordnungen unendlich viel schwieriger ist: die Änderung des Rechtes, die Setzung von Normen. Der erwählte römische Kaiser des Heiligen Reiches zum Beispiel konnte als oberster Gesetzgeber nicht das Recht ändern, das er als oberster Richter sprach, ohne Autorität einzubüßen. Erst als es den Reichsständen gelang, die Reichsgerichtsbarkeit im Reichskammergericht zu verselbständigen, konnte sich das Kammergericht auf Autoritäten – den Kaiser und den Reichstag – berufen, mit denen es sich nicht zu identifizieren brauchte. Kaiser und Reichstag dagegen konnten Gesetze erlassen, ohne auf Präjudizien des Reichskammergerichtes Rücksicht nehmen zu müssen. Wirklich ist diese Möglichkeit freilich erst geworden, als die relative Verfügbarkeit des Rechtes voll ins Bewußtsein getreten war. Seitdem weiß man allerdings auch um die neuen Probleme, welche die Differenzierung von Rechtsprechung und Politik mit sich gebracht hat. Zum Beispiel ist es noch nicht gelungen, den unterschiedlichen Zeithorizont von Rechtsprechung und Politik zu synchronisieren. Stichwort: verwaltungsgerichtlicher Rechtsschutz in Planungssachen. Aber das gehört nicht mehr zum Thema.

Die vier Charakteristica der Rechtsprechung erinnern außerdem an eine andere – vielleicht nicht ganz so triviale – Trivialität: die Konsistenz der Rechtsprechung hängt nicht nur von den Erwartungen der Rechtsuchenden und vom positiven Recht ab, sondern auch und vor allem von der Selbständigkeit und Binnendifferenzierung des Gerichtssystems. Das relativiert die Verfügbarkeit des Rechtes. Auch aufgrund Gesetzes können Richter nicht einfach heute A und morgen B sagen. Sie haben gegenüber Kollegen, Prozeßbeteiligten und gelegentlich auch gegenüber der Öffentlichkeit das Gesicht zu wahren. Der Bruch zwischen dem Anspruch, das unveränderliche Recht zu sprechen, das die Prozeßbeteiligten erwarten, und der Pflicht, den Änderungen zu entsprechen, die der Gesetzgeber ver-

---

22) Dazu vor allem Wolfgang Böhm, Die Zwangsvollstreckung nach § 890 ZPO, Berlin 1971.

langt, dieser Bruch muß gekittet werden. Er wird es auch: durch die Präferenzregeln der juristischen Methodenlehre und durch Übergangsvorschriften.

Prüft man, ob die Verfassungsgerichtsbarkeit diesen Strukturprinzipien der Gerichtsbarkeit entspricht, so sind nicht unerhebliche Modifikationen leicht festzustellen.

Die Beschränkung auf juristische Argumente ist für das Bundesverfassungsgericht problematisch. Zwar versichern die Mehrzahl der Autoren[23] und das Gericht[24] selbst, es habe Recht und nur Recht zu sprechen. Gleichzeitig wird ebenso überzeugt behauptet, das Gericht dürfe die Folgen seiner Entscheidung nicht außer acht lassen[25]. Die Konsistenz beider Forderungen wird in der Regel mit dem Argument des Staatsnotstandes begründet[26]. Ähnlich steht es mit der Bindung an die eigenen Entscheidungen. Daß alle Staatsorgane und Behörden an die Entscheidungen des Bundesverfassungsgerichtes gebunden sind, ergibt sich aus dem Gesetz (§ 31 Abs. 1 BVerfGG), wenn auch die Grenzen umstritten sind. Das Gericht selbst hält sich nicht für an seine Entscheidungen gebunden. Es „kann seine in einer früheren Entscheidung vertretenen Rechtsauffassungen aufgeben, auch soweit sie für die damalige Entscheidung tragend waren"[27]. Begründung: Das Gericht müsse sich korrigieren können[28].

Daß die Verfassungsgerichtsbarkeit erheblich weniger politisch neutralisiert ist als die allgemeine Gerichtsbarkeit, bedarf keiner umständlichen Erläuterung. Die unterschiedliche Regelung der Wahl von Bundesverfassungsrichtern und von Bundesrichtern (vgl. Art. 94 Abs. 1 und Art. 95 Abs. 2 GG) sowie die öffentlichen Diskussionen bei jeder Wahl eines

---

23) Vgl. Ernst Friesenhahn, Aufgabe und Funktion des Bundesverfassungsgerichts, in: Aus Politik und Zeitgeschichte. Beilage zur Wochenzeitung „Das Parlament" B 6/1965, S. 3, 15; Gerhard Leibholz, Bericht des Berichterstatters an das Plenum des Bundesverfassungsgerichts zur „Status-Frage", in: Peter Häberle (Hrsg.), Verfassungsgerichtsbarkeit, Darmstadt 1976, S. 224, 234.

24) Vgl. BVerfGE 39 S. 1, 51; 13 S. 54, 96; 6 S. 132, 137; 1 S. 299, 306; 1 S. 225, 234 f. Die Berufung auf „Rechtsanwendung" hat allerdings je nach Fallkonstellation verschiedene Funktionen. So wird das Bundesverfassungsgericht anders abgrenzen, wenn es Gerichtsentscheidungen, als wenn es Gesetze überprüft.

25) Konrad Hesse, Grundzüge des Verfassungsrechts der Bundesrepublik Deutschland, 11. Aufl. Heidelberg/Karlsruhe 1978, S. 229; Otto Bachof, Der Verfassungsrichter zwischen Recht und Politik, in: Peter Häberle (Hrsg.), Verfassungsgerichtsbarkeit, Darmstadt 1976, S. 285, 287; Schenke, NJW 1979 S. 1321, 1323.

26) Siehe Herbert Krüger, Allgemeine Staatslehre, Stuttgart 1964, S. 705 f.; Hans H. Klein, Bundesverfassungsgericht und Staatsraison, Frankfurt am Main 1968, S. 30; vgl. demgegenüber Hans-Martin Pawlowski, Die rechtsstaatliche Dimension von Gesetzgebung und Judikatur, DÖV 1976, S. 505, 508 f., der das Problem zutreffender unter dem Aspekt der Zeit strukturiert.

27) BVerfGE 4 S. 31, 38.

28) Maunz/Schmidt-Bleibtreu/Klein/Ulsamer, BVerfGG, § 31 Randnr. 22.

Bundesverfassungsrichters sind Belege genug. Hinzu kommt der geringere Grad an Formalisierung, der das Verfahren vor dem Bundesverfassungsgericht kennzeichnet[29]. Die mündlichen Verhandlungen gleichen durch die Zahl und das Auftreten von Interessenten weit mehr parlamentarischen Hearings als Gerichtsverhandlungen. Diese Anhörungen kann man sicher nicht mit der Pflicht zur Wahrheitsfindung rechtfertigen[30] (vgl. § 26 Abs. 1 BVerfGG). Denn – von philosophischen Bedenken ganz abgesehen – dafür hört das Gericht wieder zu wenig Leute. Die Hearings könnten aber der politischen Befriedung dienen.

Nach diesen Unterschieden überrascht es nicht, daß dem Bundesverfassungsgericht praktisch keine Mittel zur Verfügung stehen, seine Entscheidungen zwangsweise durchzusetzen. Theoretisch benötigt es solche Mittel auch nicht, weil es im wesentlichen kassatorisch tätig wird, besonders bei der Verwerfung von Gesetzen (§ 78 BVerfGG). In der Praxis hat sich freilich gezeigt, daß die Möglichkeit der einstweiligen Anordnung (§ 32 BVerfGG) und die Übergangsregelung des § 79 BVerfGG nicht genügen, die Probleme zu lösen, die sich aus der Verfassungswidrigkeit von Gesetzen ergeben. Es muß immer wieder zu Appell-Entscheidungen, Fristsetzungen, Absichtserklärungen und dergleichen kommen, weil die Politik nicht jedes Gesetz zuläßt und auch später für nichtig erklärte Normen Folgen haben. Insofern steht § 35 BVerfGG nicht nur auf dem Papier[31]. Richtig ist aber, daß dem Bundesverfassungsgericht der Einsatz physischer Gewalt praktisch nicht zur Verfügung steht.

Nun hat man diese Unterschiede zwischen Verfassungsgerichtsbarkeit und einfacher Gerichtsbarkeit schon vielfach beobachtet. Aber man hat sie entweder auf die Weite und Unbestimmtheit von Verfassungsnormen[32] oder darauf zurückgeführt, daß die Staatsorgane, über deren Maßnahmen das Bundesverfassungsgericht entscheidet, selbst rechtsstaatlich-demokratisch, das heißt verfassungsrechtlich legitimiert seien[33]. Das ist nicht unrichtig, aber unser Vergleich erlaubt eine präzisere Fassung des Problems: Die Verfassungsgerichtsbarkeit läßt sich nicht in das übliche Gewaltenteilungsschema einordnen, weil die Rollenverteilung zwischen Rechtsprechung, Gesetzgebung und Regierung im Verhältnis zur Verfassungsgerichtsbarkeit nicht funktioniert.

---

29) „Das Bundesverfassungsgericht ist Herr des Verfahrens": BVerfGE 13 S. 54, 94.

30) So Peter Häberle, Diskussionsbeitrag, VVDStRL 34 S. 136.

31) So mit Recht Hans-Martin Pawlowski, DÖV 1976, S. 505, 509; vorher – allerdings beschränkt auf den „Notstandsfall" – Hans H. Klein, Bundesverfassungsgericht und Staatsraison, Frankfurt am Main/Berlin 1968, S. 33 f.

32) So Otto Bachof, Der Verfassungsrichter zwischen Recht und Politik, in: Peter Häberle (Hrsg.), Verfassungsgerichtsbarkeit, S. 285, 289; Ernst-Wolfgang Böckenförde, NJW 1976, S. 2089, 2091.

33) So der neuere Trend; vgl. Schenke, NJW 1979, S. 1321, 1323; Schubert/Thedieck, ZRP 1979, S. 254, 256; Peter Lange, Verwaltungsrundschau 1979, S. 48, 50; Klaus von Beyme, Das politische System der Bundesrepublik Deutschland. Eine Einführung, München 1979, S. 227.

Wir hatten gesehen, daß einer der größten Vorzüge der Gewaltenteilung darin besteht, Rechtsänderungen zu erleichtern. Verfassungsrecht soll aber gerade möglichst wenig geändert werden (Art. 79 GG). Es ist nicht in der gleichen Weise verfügbar wie Gesetzesrecht. Deshalb können staatsrechtliche Probleme nicht in der gleichen Weise durch Verfassungsänderung gelöst werden wie andere Probleme durch Gesetzesänderung. Aus diesem Grund ist nicht der Rechts-, sondern der Verfassungswandel ein dogmatisches Problem[34]. Daraus folgt, daß es nicht Aufgabe der Verfassungsgerichtsbarkeit sein kann, den Verfassungsgeber für Rechtsänderungen freizustellen. Unter diesen Umständen werden die Unterschiede zwischen Verfassungsgerichtsbarkeit und der übrigen Gerichtsbarkeit schon teilweise verständlich.

Ein Verfassungsgericht kann sich nicht so auf juristische Argumente beschränken wie die anderen Gerichte. Es kann nicht damit rechnen, daß der Verfassungsgeber es korrigiert. Deshalb benötigt es Formeln, mit denen es gleichsam sein Gesicht wahren kann, wie etwa die Folgenberücksichtigung oder die „objektive Wertordnung". Und deshalb greift es immer wieder auf verfassungstranszendierende Argumente zurück, um die Enttäuschung von Beschwerdeführern zu neutralisieren. Ein Beispiel ist der Mühlengesetzfall[35], in dem das Gericht eine objektive Beschränkung der Zulassung zum Beruf eines Müllers mit der Erwägung gerechtfertigt hat, die Brotversorgung der Bevölkerung müsse auch in Krisensituationen – sprich: im Kriegsfall – gesichert sein, mit einer Notstandserwägung also, mit der man zwar weit mehr als nur objektive Zulassungsbeschränkungen rechtfertigen kann, gegen die aber schwer etwas zu sagen ist.

Ein Verfassungsgericht kann sich auch nicht so an eigene Entscheidungen binden wie andere Gerichte, weil es die Probleme, die seine eigenen Entscheidungen aufwerfen, letztlich selbst abarbeiten muß. Es kann den Problemdruck nicht auf ein Gerichtssystem verteilen, etwa im Vertrauen auf die höhere Instanz einmal vorpreschen oder besonders zurückhaltend sein, wenn sich der Wind zu drehen beginnt. Auch die anderen Möglichkeiten, Druck abzuleiten, wie das Liegenlassen von Fällen und das dissenting vote, kann man vernachlässigen. Politisch steht ein Verfassungsgericht gleichsam mit dem Rücken an der Wand, und von dort ist die Flucht nach vorn der beste Ausweg.

Unter diesen Umständen erscheint die Einschränkung der politischen Neutralisierung der Verfassungsgerichtsbarkeit in anderem Licht. Sie erscheint nicht mehr als Mangel oder als quasidemokratische Legitimation oder als Einfluß der Parteipolitik auf das Gericht. Diese Einschätzungen werden den Merkmalen nicht gerecht, die eben doch politische Neutralität indizieren wie richterliche Unabhängigkeit, hochgradige Professionalisierung, Orientierung an juristischen Argumentationsregeln und

---

34) Zum Verfassungswandel siehe Ernst-Wolfgang Böckenförde, NJW 1976, S. 2089 ff., auf der einen und Wilfried Fiedler, Fortbildung der Verfassung durch das Bundesverfassungsgericht?, JZ 1979, S. 417 ff., auf der anderen Seite.

35) BVerfGE 25 S. 1, 16.

ähnliches. Sie erscheint zunächst als demonstrative Unterscheidung von der übrigen Gerichtsbarkeit, als Einrichtung einer vierten Gewalt im Staate.

Nur wenn man sieht, daß die Verfassungsgerichtsbarkeit nicht in das Gewaltenteilungsschema paßt, wird auch erklärlich, warum es dem Bundesverfassungsgericht faktisch nicht möglich ist, physische Gewalt einzusetzen. Es ist zu weit von konkreten Erwartungen und Enttäuschungen entfernt. In einigen Bereichen ist es zwar entgegen seinem Selbstverständnis zur „Superrevisionsinstanz" geworden[36], letztlich entscheidet das Bundesverfassungsgericht aber nicht über „Fälle"[37], sondern über Programme, selbst dort, wo sie im Gewande von Fällen erscheinen, wie bei der Verwirkung von Grundrechten (Art. 18 GG), beim Parteiverbot (Art. 21 GG) und bei der Präsidenten- (Art. 61 GG) und Richteranklage (Art. 98 Abs. 2 GG). Denn die Zuständigkeit des Bundesverfassungsgerichtes knüpft das Grundgesetz (Art. 93 GG) jeweils an die Verletzung hochabstrakter Verfassungsnormen, nicht an die Schädigung von Personen oder die Beeinträchtigung von Gütern, und es sieht politische Rechtsfolgen vor: die Kassation und den Verlust von politischem Einfluß, nicht Schadenersatz oder Bestrafung.

III

Daß Verfassungsgerichtsbarkeit nicht einfach Gerichtsbarkeit, sondern selbständige vierte Gewalt im Staate ist, beantwortet freilich noch nicht die Frage, welchen Sinn sie hat. Mit dieser Frage gehe ich zum dritten Teil meiner Überlegungen über, der das Verhältnis von Verfassungsgerichtsbarkeit, Gesetzgebung und politischer Führung klären soll.

Um den Sinn der Verfassungsgerichtsbarkeit zu verstehen, gehe ich von ihrer spezifischen Aufgabe aus: die Verfassung zu wahren. Die Erfüllung dieser Aufgabe hängt davon ab, wie eine Verfassung funktioniert, und das wollen wir uns verständlich machen, indem wir uns den Prozeß der politischen Willensbildung vergegenwärtigen.

Im ersten Parteifinanzierungs-Urteil[38] hat das Bundesverfassungsgericht erklärt, in einer Demokratie müsse die politische Willensbildung vom Volk zu den Staatsorganen laufen und nicht umgekehrt. Dieser Satz war natürlich normativ gemeint, nicht deskriptiv. Aber er könnte zu dem Irrtum verleiten, als sei jedes politische Problem das Problem aller Bürger.

---

36) Zum Beispiel im Bereich des Art. 103 Abs. 1 GG (rechtliches Gehör); vgl. dazu die Rechtsprechungsübersicht bei Leibholz/Rinck, Grundgesetz, 5. Aufl. (Loseblatt) Köln 1975 ff., Art. 103 Randnr. 5 ff.

37) Das Bundesverfassungsgericht braucht selbst offensichtlich begründete Verfassungsbeschwerden nicht anzunehmen; vgl. BVerfGE 47 S. 102, 103; BVerfGE 45 S. 82 F.; dazu Reinhard Mußgnug, Die Nichtannahme einer Verfassungsbeschwerde wegen Fehlens eines „schweren Nachteils", NJW 1978 S. 1358 f.

38) BVerfGE 20 S. 56, 99.

Das Gegenteil ist richtig. Die Probleme, mit denen die Staatsgewalt konfrontiert wird, sind immer Teilprobleme und deshalb müssen die Interessen, die hinter ihnen stehen, immer partikulare Interessen sein. Das gilt für die Wirtschaftspolitik ebenso wie für die Bildungs- und Sozialpolitik. Soweit es überhaupt Probleme des gesamten Volkes gibt, kommen sie jedenfalls nicht aus Bonn, Stuttgart, Düsseldorf oder Gorleben, sondern aus Washington oder Moskau. Man kann auch nicht sagen, die Probleme oder Zeit und Art ihrer Lösung wenigstens würden unter dem Aspekt des Gemeinwohls ausgewählt. Daß die Auswahl von Problemen und Problemlösungen fast immer mit dem Gemeinwohl gerechtfertigt wird, ist richtig, daß die Auswahl damit erklärt werden könnte, nicht.

Bevor politische Probleme entschieden werden, haben sie eine viel höhere Barriere zu überwinden als die Gemeinwohlhürde: die Aufmerksamkeitsbarriere. Die Aufmerksamkeitsbarriere ist ein sehr wirksames Selektionsinstrument, weil Aufmerksamkeit knapp ist. Wie sich Aufmerksamkeit verteilt, lasse ich offen. Daß sie knapp ist, kann jeder selbst feststellen, wenn er sich eine Stunde nach der morgendlichen Zeitungslektüre fragt: Was habe ich gelesen und was werde ich behalten? Die Antwort wird regelmäßig lauten: fast nichts. Nicht aus bösem Willen oder aus Gleichgültigkeit, sondern schlicht aus Zeitmangel. Und so, wie dem normalen Zeitungsleser geht es jedem Veraltungsbeamten, ja, dem politisch administrativen System im ganzen. Es sieht sich mit einer unendlichen Menge von Problemen konfrontiert – jeder beschwert sich mit guten Gründen über irgend etwas, und wenn es nur die Steuer ist –, es kann aber nur einen Bruchteil aller politischen Probleme zur Entscheidung annehmen. Den Rest muß es verdrängen, wenn es arbeitsfähig bleiben will. Verdrängen heißt: gar nicht erst zur Kenntnis nehmen. Was man nicht zur Kenntnis genommen hat, kann man aber auch nicht mit sachlichen Gründen aussondern. Mit diesen verdrängten Problemen hat die CDU vor einigen Jahren einen klug durchdachten Schlag ins Wasser getan. Die Beschwörung der „neuen sozialen Frage" war klug durchdacht, weil jede Politik Fragen undiskutiert verdrängen muß, es also immer „neue soziale Fragen" gibt. Sie war ein Schlag ins Wasser, weil sich für verdrängte Fragen nur die Betroffenen interessieren, für diese aber niemand, eben weil die Fragen verdrängt sind. Aufmerksamkeit finden vor allem Probleme, die schon jeder kennt, wie die „Chancengleichheit im Bildungswesen", die es etwa seit der Reformation als Problem gibt.

Welche Probleme das politisch-administrative System entscheidet, hängt also von der Aufmerksamkeit ab, die sie wecken. Auf dieses Kriterium ist das System auch sensibilisiert. Was von unten als Kampf um knappe Aufmerksamkeit erscheint, erscheint von oben als öffentliche Meinung und Wählerwille. Darauf reagieren die Gewalten in unterschiedlichem Grade: die politische Führung unmittelbar und flexibel, weil sie wiedergewählt werden will, die Gesetzgebung unmittelbar und weniger flexibel, weil es Zeit kostet, bis sich die vielen Abgeordneten auch nur versammeln, und die Rechtsprechung vermittelt durch politische Führung und Gesetzgebung. Der Problemdruck wird also im System verteilt. Wir kennen auch Ventile, die Verteilung des Druckes steuern. Es sind die Zuständigkeiten.

Die Zuständigkeiten sind bei uns durch Rechtssätze geregelt, durch Sätze des Verfassungsrechtes. Das erscheint uns selbstverständlich, ist es aber nicht. Wenn es nur um die Verteilung von Problemdruck geht, warum genügen dann nicht einfache Organisationserlasse oder Geschäftsordnungen, die man nicht nur nicht mit Zweidrittelmehrheit, sondern mit weniger als einfacher Mehrheit, etwa durch gemeinsame Ausschüsse ändern kann? Antwort: Weil der Problemdruck einen Interessenkonflikt zwischen den Gewalten erzeugt, der nicht durch systeminterne Kräfte ausbalanciert werden kann.

Der Interessenkonflikt entsteht nicht dadurch, daß es – wie man früher glaubte[39] – zwischen politischer Führung, Gesetzgebung und Rechtsprechung Meinungsverschiedenheiten über Sachprobleme gibt oder geben müßte. Der Grund ist viel prinzipieller. Er liegt in der unterschiedlichen Belastung der drei Gewalten mit Problemen. Die unterschiedliche Belastung entsteht durch unterschiedliche Verfahren. Auf der einen Seite findet die politische Führung die größte Aufmerksamkeit. Sie ist dem Problemdruck daher am meisten ausgesetzt, kann aber auch am schnellsten reagieren. Auf der anderen Seite hängt die politische Führung vom Parlament ab. Aber das Parlament braucht viel Zeit, und bis ein Gesetz die Rechtsprechung beeinflußt, vergeht noch mehr. Diese relative Gemächlichkeit der anderen Gewalten widerspricht dem Interesse der politischen Führung an schneller Erledigung. Letztlich ergibt sich der Interessenkonflikt also aus dem unterschiedlichen Zeitbedarf der einzelnen Gewalten für die Problemverarbeitung. Er ist deshalb mit der Gewaltenteilung strukturell gegeben.

Dieser Interessenkonflikt kann auch nicht systemintern kanalisiert werden. Von außen wissen wir natürlich um die Vorteile der Gewaltenteilung. Deshalb sind wir auch bereit, sie als Rechtsprinzip anzuerkennen. Intern sieht das aber anders aus. Daß aus den Sachproblemen keine Entscheidungsmöglichkeiten erwachsen, folgt schon daraus, daß die Sachprobleme nicht nach inhaltlichen, sondern nach Aufmerksamkeitskriterien ausgewählt werden. Eine Einigungsmöglichkeit besteht strukturell auch nicht. Denn wenn der Interessenkonflikt im unterschiedlichen Zeitbedarf besteht, muß die Gewalt, die dem Druck politischer Probleme am unmittelbarsten ausgesetzt ist, dazu neigen, das Zeitbudget der anderen Gewalten zu kürzen, die politische Führung also die Zeit der Gesetzgebung und die Gesetzgebung die Zeit der Rechtsprechung. Da der unterschiedliche Zeitbedarf das Verfahren und damit den Kern der drei Gewalten ausmacht, geht jede Gewalt intern in ihrem Interesse auf, ihren Problemdruck zulasten der anderen Gewalten zu verringern. Deshalb ist eine interne Lösung nicht möglich. Das Verhältnis der Gewalten untereinander muß von außen stabilisiert werden.

Das Problem der Außenstabilisierung stellt sich übrigens bei allen differenzierten Staatsorganisationen, nicht allein bei rechtsstaatlich-demokra-

---

39) Das ist die Voraussetzung, von der beispielsweise Werner Weber, Spannungen und Kräfte im westdeutschen Verfassungssystem, 3. Aufl. Berlin 1970, S. 155 ff., ausgeht.

tischen. Nur hat man es woanders anders gelöst. Im Ständestaat beispielsweise durch die wohlerworbenen Freiheiten und Privilegien, das heißt, durch die Personalisierung politischer Mitwirkungsmöglichkeiten, in Einparteienstaaten durch Parteiprogramme. Beide Lösungen haben jedoch zu spezifischen Schwierigkeiten geführt, die Personalisierung zu Problemen bei der Rekrutierung politischer Führer – Stichwort: der schwache Kronprinz –, die Parteiprogramme zur Versteinerung historisch zufälliger Problemlösungen – Stichwort: Planwirtschaft.

Die rechtsstaatlich-demokratische Staatsorganisation vermeidet diese Schwierigkeiten. Sie stabilisiert das Verhältnis der drei Gewalten untereinander auf einer viel höheren Abstraktionsebene: durch Recht, meist in Form geschriebener Verfassungen. Die Stabilisierung durch Recht ist insofern eine Außenstabilisierung als Recht allgemein, das heißt, für und gegen jedermann gilt. Recht ist öffentlich. Wenn es auch inhaltlich nicht jedermann betrifft, so geht es doch alle an und ist jedermann zugänglich. Deshalb kann jeder darüber reden und seine Erwartungen daran orientieren. Geschäftsordnungen und Organisationserlasse, auch Gewohnheiten, dagegen gelten nur zwischen den Beteiligten. Daß solche internen Regelungen als Verfassungsrecht ergehen, heißt also, daß das Verfassungsrecht zwar breiter gilt als der Regelungsgegenstand erfordert, daß aber genau dadurch das gewaltenteilige System stabilisiert wird.

Insgesamt muß man die Verfassung demnach mit Niklas Luhmann[40] als die Grundlage verstehen, auf der die drei relativ selbständigen Staatsgewalten miteinander umgehen. Wenn die Gewaltenteilung schon die Anpassungsfähigkeit und die Problemverarbeitungsmöglichkeiten des politischen Systems steigert, dann bedeutet ihre rechtsförmige Institutionalisierung eine nochmalige Steigerung. So gesehen ist die Verfassungsbindung der Staatsgewalten nicht nur eine Einschränkung, sondern vor allem eine Erweiterung ihrer Macht und ihres Einflusses[41]. Wie der normale Mensch auf sicherem Grund gewagtere Figuren tanzen kann als auf schwankendem Seil, so erlaubt der sichere Boden des Verfassungsrechtes der politischen Führung, mehr Probleme zur Entscheidung anzunehmen, der Gesetzgebung, mehr Situationen genauer zu regeln, und der Rechtsprechung, mehr Fälle nach abstrakteren Regeln zu entscheiden. Da Vorrangstreitigkeiten verblassen, kann jede Gewalt Probleme auf die anderen abschieben und sich so vom Problemdruck entlasten, ohne Ansehen einzubüßen.

Dieses Verständnis der Verfassung als rechtlich verallgemeinerte Geschäftsordnung für die drei Staatsgewalten macht deutlich, warum die Verfassungsgerichtsbarkeit gerichtsförmig und nicht politisch, zum Bei-

---

40) Politische Verfassungen im Kontext des Gesellschaftssystems, Der Staat 12 (1973) S. 1, 11.
41) Dazu treffende Beobachtungen bei Peter Lerche, Das Bundesverfassungsgericht und die Verfassungsdirektiven, AöR 90 (1965) S. 341, 348 ff.

spiel als Parlamentsausschuß oder als weitere Kammer[42] organisiert ist. Der Grund liegt in der Verrechtlichung der Verfassung. Als Recht sollte die Verfassung durch eine Einrichtung gewahrt werden, von der erwartet wird, daß sie Recht spricht, daß sie Erwartungen sichert, und das wird eben von einem Gericht erwartet. Die Erwartungssicherung hat bei der Verfassungsgerichtsbarkeit jedoch eine völlig andere Funktion als bei der übrigen Gerichtsbarkeit.

Gewiß soll der Verfassungsprozeß auch Zuständigkeiten und Verfahrensregeln wahren. Aber Zuständigkeiten und Verfahrensregeln sind weder Selbstzweck noch eine Art subjektives Recht der Gewalten. Wenn die Verfassung den Sinn hat, die Gewaltenteilung dadurch zu stabilisieren, daß sie die Kommunikation zwischen den Gewalten vom unmittelbaren Risiko des Machterwerbs oder Machtverlustes entlastet, dann besteht der Sinn der Verfassungsgerichtsbarkeit darin, Kommunikationsstörungen zu isolieren und auf einer Ebene entscheidbar zu machen, unter der die politische und administrative Arbeit ihren normalen Gang gehen kann.

Die Isolierung geschieht durch die Gerichtsförmigkeit des Verfahrens. Die Gerichtsförmigkeit zwingt dazu, bestimmte Anträge zu stellen, abgegrenzte Sachverhalte vorzutragen und Folgenerwägungen einzuschränken. Die neue Ebene wird mit der Verselbständigung des Verfassungsgerichtes eingezogen. Die Verselbständigung bedeutet, daß das Gericht die Verantwortung für die Probleme übernimmt, insbesondere den Zeithorizont bestimmt, in dem sie gelöst werden, und so politische Führung und Gesetzgebung entlastet[43]. Die Verfassungsgerichtsbarkeit hält beiden gleichsam den Rücken frei, und zwar nicht nur innenpolitisch, sondern auch außenpolitisch. Das wird vielleicht klarer, wenn man den Nichtangriffspakt zwischen dem Deutschen Reich und der UdSSR vom 23. Au-

---

42) Hans Heinrich Rupp, Zweikammersystem und Bundesverfassungsgericht – Bemerkungen zu einem verfassungspolitischen Reformvorschlag F.A. von Hayeks, ORDO 30 (1979) S. 95, 102, übersieht den strukturellen Unterschied zwischen gerichtsförmiger und politischer Entscheidung, wenn er meint, das Bundesverfassungsgericht ersetze eine kontinuitätswahrende Kammer. Wie hier Christian Starck, Das Bundesverfassungsgericht im politischen Prozeß der Bundesrepublik, Recht und Staat Heft 466, 467, Tübingen 1976, S. 7, 32.

43) Für das Bundesverfassungsgericht wird die Entlastung der anderen Gewalten zu einer Belastung, an der es viel schwerer trägt als die anderen Verfassungsorgane, weil ihm der Verfassungstext und seine eigene Rechtsprechung kaum ein Ausweichen erlauben. Letztlich bleibt dem Gericht nur die „Kabinettsfrage". Sie wurde auch schon – aber wohl zu früh – vom Vizepräsidenten des Gerichts Wolfgang Zeidler gestellt: „Wer das Verfassungsgericht nicht will, soll es abschaffen", FAZ vom 30. April 1979 Nr. 100 S. 3. Es ist auch möglich, daß das Gericht unmittelbar Blitzableiterfunktionen übernimmt. Darauf deutet die politische Kritik aus verschiedenen Richtungen. Siehe Rolf Lamprecht/Wolfgang Malanowski, Richter machen Politik. Auftrag und Anspruch des Bundesverfassungsgerichts, Frankfurt am Main 1979, und – allerdings differenzierter und auf erheblich höherem Niveau – Gerd-Klaus Kaltenbrunner (Hrsg.), Auf dem Weg zum Richterstaat. Die Folgen politischer Impotenz, München 1979.

gust 1939, den sogenannten Hitler-Stalin-Pakt, mit dem Grundvertrag vom 21. Dezember 1972 vergleicht. Beide Verträge bedeuteten einen abrupten und radikalen Bruch mit der bisherigen Außenpolitik und waren deshalb vor allem innenpolitisch problematisch. Im Falle des Hitler-Stalin-Paktes wurde der Bruch durch den Angriff auf Polen am 1. September 1939 erläutert: der Pakt hatte nur strategische Bedeutung; der Bruch war keiner. Im Falle des Grundvertrages wurde der Bruch geheilt: durch das einschlägige Urteil des Bundesverfassungsgerichtes.

Andererseits kann die Neutralisierung von Kommunikationsstörungen nur gelingen, wenn das Verfassungsgericht Kontinuität wahrt. Diese Kontinuität wird faktisch beispielsweise durch die Dauer der Richterbestellung und die geringe Verarbeitungskapazität des Gerichtes[44] und normativ durch die Rechtlichkeit, das heißt: die Öffentlichkeit der Verfassung gewährleistet. Das Verfassungsrecht macht die Öffentlichkeit im Sinne von „jedermann" gleichsam zum Garanten des Kommunikationsprozesses zwischen den drei Gewalten. Deshalb ist ein Verfassungsgericht auf die prinzipielle Zustimmung der Öffentlichkeit angewiesen, und deshalb darf es sich nicht selbst widersprechen. Das heißt nicht, daß es keine logischen oder Rechtsfehler begehen darf – sie sind ihm immer konzediert –, es heißt: das Gericht darf seine Linie nicht verlassen, es darf die Erwartungen in die Kontinuität seiner Argumentation nicht enttäuschen, es darf – sein Gesicht nicht verlieren.

Daß ein Verfassungsgericht die Kommunikation zwischen den Staatsgewalten durch Kontinuitätswahrung politisch neutralisieren soll, erlaubt es, unsere Einsicht genauer zu begründen, ein Verfassungsgericht könne nicht so argumentieren wie die übrigen Gerichte. Wie wir gesehen haben, ist die Verfassung eine Art Regler zur Verteilung politischen Drucks. Der allgemeine Problemlösungsdruck trifft die Verfassungsgerichtsbarkeit aber viel diffuser und an anderen Stellen als die übrige Gerichtsbarkeit[45]. Auf der einen Seite wird der Druck durch die anderen Gewalten weitgehend aufgefangen und abgearbeitet. Was bis zum Verfassungsgericht durchschlägt, läßt sich nicht von vornherein bestimmen. Auf der anderen Seite kann ein Verfassungsgericht die Probleme nicht ohne politische, auch parteipolitische Folgen verteilen. Natürlich stehen ihm viele Mög-

---

44) Dazu Hans F. Zacher, Die Selektion der Verfassungsbeschwerden – Die Siebfunktion der Vorprüfung, des Erfordernisses der Rechtswegerschöpfung und des Kriteriums der unmittelbaren und gegenwärtigen Betroffenheit des Beschwerdeführers, in: Christian Starck (Hrsg.), Bundesverfassungsgericht und Grundgesetz, Festgabe aus Anlaß des 25jährigen Bestehens des Bundesverfassungsgerichts, Tübingen 1976, erster Band S. 396 ff. Zachers aspektenreiche Darstellung ist von der Voraussetzung geleitet, „eigentlich" müßten alle Verfassungsbeschwerden ausgiebig materiell behandelt werden, während hier die begrenzte Kapazität des Gerichtes als Instrument zur „Reduktion von Komplexität" betrachtet wird.

45) Zum Druck durch die Gerichte in Numerus-clausus-Fällen vgl. Peter Kickartz, Grundrechtsschutz und Umverteilung – OVG Münster, NJW 1977, 1841, JuS 1978 S. 528 ff.

lichkeiten zur Verfügung, die Verteilung politisch neutral zu erledigen –
Fristen, Formvorschriften, Verfahrensregeln – und vielleicht sollte das
Bundesverfassungsgericht diese Möglichkeiten stärker nutzen. Aber auch
dann sind die Sachprobleme nicht gelöst. Durch den Übergang an das
Bundesverfassungsgericht haben sie jedenfalls ihren Charakter geändert.
Sie sind aus dem Bereich des geschäftsordnungsmäßigen Zusammenspiels
der Staatsgewalten auf die Ebene der Verfassung gehoben und damit in
den Bereich des Öffentlichen getreten. Soweit das Verfassungsgericht sie
materiell entscheidet, werden sie Verfassungsrecht: öffentlich. Ein Verfassungsgericht muß also – und das ist mein Ergebnis – die politischen Probleme unmittelbar an die Öffentlichkeit rückkoppeln. Dabei kann es sich
nur auf den Text der Verfassung stützen. Das ist der fundamentale Unterschied zu den übrigen Gerichten, die durch den Instanzenzug und die
Gesetzgebung mit der Öffentlichkeit verbunden sind.

Wegen der Konsequenzen, die sich aus dieser Funktion der Verfassungsgerichtsbarkeit ergeben, kann ich mich auf Andeutungen beschränken.
Auch die politische Führung und die Gesetzgebung sind an der Öffentlichkeit interessiert, wenn auch mehr unter den Aspekten der Wahl und der
Durchsetzung ihrer Entscheidungen. Daraus entstehen Konkurrenzsitua-
tionen. Was die Öffentlichkeit ist, kann man nicht genau sagen. Daraus
entstehen Argumentationsschwierigkeiten für das Gericht. Die Rückkoppelung gleicht einem Tennismatch mit drei Bällen, in das der Schiedsrich-
ter gelegentlich einen vierten wirft. Daraus entstehen Vereinfachungs-,
Vorsichts- und Neutralisierungsstrategien, die mit normalem juristischem
Handwerkszeug nicht zu fassen sind. Diese Konsequenzen könnte man
wieder diskutieren und unter dem Aspekt der Reglerfunktion der Verfassung rationalisieren. Ich verzichte darauf, weil ich zum Schluß noch ein
wichtiges verfassungsrechtliches Phänomen in meine Konzeption einordnen muß: die Grundrechte.

Explizit habe ich bisher nur über die Verfassung als Geschäftsordnung
für die Staatsgewalten gesprochen. Implizit habe ich die Grundrechte aber
schon mitbehandelt. Daß die Verfassung als Recht gilt, heißt, daß die
Geschäftsordnung nach außen, in der Öffentlichkeit abgestützt ist. Die
Außenstützung verlangt aber zugleich, daß überhaupt zwischen innen
und außen unterschieden, daß eine Grenze gezogen wird. Die Rechtsförmigkeit der Verfassung grenzt also die Staatsgewalten nach außen ab.
Die Grundrechte dienen vor allem dieser Abgrenzung.

Damit ist freilich mehr und anderes gesagt, als das herkömmliche Verständnis der Grundrechte als Abwehrrechte meint. Grenzen trennen ja
nicht nur, sie verbinden auch, wie Unterscheidungen überhaupt den Sinn
haben, das Unterschiedene wieder aufeinander zu beziehen. Unter diesem
Aspekt sind die Grundrechte in der Tat das Kernstück des Verfassungsrechtes. Als Rechte des Bürgers sind sie die nach außen gewendete Seite
der Verfassung. Dadurch verbinden sie den Bürger mit den Staatsgewalten
und diese Verbindung macht das Öffentliche und damit Rechtliche der
Verfassung aus. Insofern dienen Grundrechte der Außenstabilisierung des
gewaltenteiligen Systems und damit zugleich der Möglichkeit, Politik zu
treiben. Wegen dieser Stabilisierungsfunktion ist es auch sinnvoll, die

Grundrechte als subjektive Rechte klagbar zu machen und die Entscheidung über Grundrechtsklagen beim Verfassungsgericht zu konzentrieren.

Die Möglichkeit, Grundrechte prozessual durchzusetzen, hat freilich zu dem Mißverständnis geführt, als seien Grundrechte nur individuelle Rechte, als sei wirklich frei, wen der Staat nicht in der Religionsausübung, bei der Wissenschaft, im Beruf oder in seinem Eigentum störe. Für die Beurteilung von konkreten Fällen ist diese Betrachtungsweise angemessen, weil sie die Fälle entscheidbar macht. Für das Verständnis des gewaltenteiligen Systems und der Verfassungsgerichtsbarkeit ist sie aber viel zu eng, weil sie ausklammert, was sie ausgrenzt: das, was der einzelne in seiner Freiheit tut. Diesen Bereich gewinnen wir, wenn wir bedenken, daß Freiheit nur die individuell zurechenbare Wahl von Möglichkeiten ist, aber nicht die Entlastung von Konsequenzen. Wenn ich den Beruf des Arztes frei wähle, bin ich nicht mehr frei, Kranke zu behandeln, mich an Standespflichten zu halten und beliebig in Urlaub zu fahren. Wer von seiner Berufsfreiheit Gebrauch macht, kann also nicht tun und lassen, was er will. Er muß nur – statt staatlichen – den oft härteren beruflichen Zwängen gehorchen. Ob er in seinem Beruf Erfolg hat oder scheitert, ist dann seine Sache und – das ist wichtig – Sache der Selbststeuerung der beruflichen Ordnungen. Diese Selbststeuerung darf der Staat grundsätzlich nicht aufheben, weil es eben Sache des Grundrechtsträgers ist, sich darin zu bewähren oder nicht. Das heißt, die Grundrechte gewährleisten mit dem subjektiven Recht die Ausgrenzung und relative Selbständigkeit ganzer Lebensbereiche: der öffentlichen Meinung, der Wissenschaft, der Religion, der Wirtschaft und der Familie. Die Ausgrenzung schließt die staatliche Regelung dieser Bereiche nicht aus, sondern macht sie erst als bereichsspezifisch möglich. Sie bedeutet nur, daß der Staat die jeweiligen Strukturbedingungen bei seinen Regelungen respektieren muß, also die freie Themenwahl für die öffentliche Meinung, das Wahrheitsproblem für die Wissenschaft, die Grenzüberschreitung für die Religion, den Markt für die Wirtschaft und die Liebe für die Familie.

Diese Sicht zeigt zugleich, daß die Grundrechte den Staat nicht nur beschränken, sondern auch entlasten. Der Staat darf die öffentliche Meinung zwar nicht bestimmen, aber er braucht es auch nicht, er braucht nicht wie ein Wissenschaftler die Wahrheit zu vertreten, wie ein Prophet Himmel und Hölle zu beweisen, wie ein Krösus alle Güter zu verteilen, oder wie ein Familienvater dafür zu sorgen, daß jeder Papageno seine Papagena findet. Akzeptiert man, daß die Grundrechte ganze Lebensordnungen, ganze Systeme ausgrenzen, so ergibt sich die Aufgabenverteilung für das gewaltenteilige System wie von selbst: Die politische Führung hat die Probleme aufzunehmen und auszuwählen, die sich aus der Inkongruenz und Verflochtenheit der Lebensordnungen ergeben, die Gesetzgebung hat sie in normative Entscheidungen umzusetzen, die Gerichtsbarkeit muß die Probleme kleinarbeiten und der Verfassungsgerichtsbarkeit bleibt die Aufgabe, darauf zu achten, daß die drei Gewalten die Strukturbedingungen der jeweiligen Grundrechtsbereiche respektieren.

Umgekehrt darf das Bundesverfassungsgericht Gesetzgebung und politische Führung aber auch nicht mit Problemen belasten, von denen die

Grundrechte sie entlasten. Beispielsweise ergibt sich aus dem Grundrecht der Berufsfreiheit (Art. 12 GG) keine Pflicht der politischen Führung oder der Gesetzgebung, für „angemessene Ausbildungsalternativen zu sorgen"[46]. Die Berufsfreiheit hat viele Funktionen − Selbstdarstellung, Konsensmaximierung, Mobilität, Organisation des Arbeitsmarktes und Verbesserung der Arbeitsmotivation[47] − aber die Funktion der Staatsversorgung hat sie nicht. Im Gegenteil, das Wort „Freiheit" deutet darauf hin, daß dem einzelnen die Wahl unter den Berufs- und Arbeitsalternativen − die natürlich nicht zwischen Arzt und Apotheker oszilliern, sondern vom Müllwerker oder Kellner bis zum Richter am Verfassungsgericht reichen − daß ihm diese Wahl persönlich zugerechnet, daß der Staat also nicht damit belastet werden soll. Für den Staat besteht der Sinn der Berufsfreiheit eben auch darin, daß er sich nicht um Berufswahlprobleme kümmern muß. Natürlich kann und wird er Interesse an der Förderung bestimmter Berufe haben, etwa der Ärzte oder der Maschinenschlosser. Aber das ist aus guten Gründen der gesellschaftlichen Differenzierung und beruflichen Mobilität kein verfassungsrechtlich festgelegtes, sondern ein politisches Interesse.

IV

Ausgangspunkt meiner Überlegungen war, daß sich Verfassungsgerichtsbarkeit nicht in das herkömmliche Gewaltenteilungsschema fügt. Insbesondere ist sie nicht einfach Rechtsprechung, sondern eine eigenständige vierte Gewalt. Sie empfängt ihren Sinn aus der Verrechtlichung der Verfassung. Das Verfassungs*recht* bildet die Basis für die Kommunikation der Staatsgewalten untereinander. Diesen Kommunikationsprozeß hat ein Verfassungsgericht dadurch in Gang zu halten, daß es politische Probleme isoliert, neutralisiert und in der Form des Rechtes an die Öffentlichkeit vermittelt.

Für den Grundrechtsbereich gilt: In den Grundrechten drückt sich die Rechtsförmigkeit der Verfassung aus. Deshalb fällt ihr Schutz in die Zuständigkeit der Verfassungsgerichtsbarkeit. Materiell verselbständigen die Grundrechte durch bestimmte Strukturbedingungen geprägte Lebensbereiche. Die Verselbständigung ist aber nicht nur eine Schranke für das gewaltenteilige System, über die ein Verfassungsgericht zu wachen hat, sie entlastet das System auch von Problemen. Das Bundesverfassungsgericht überschreitet daher seine Kompetenzen, wenn es die politische Führung mit solchen Problemen belastet.

Aber an verfassungsgerichtlichen Kompetenzüberschreitungen wird die Bundesrepublik nicht zugrunde gehen. Auch wer sich mit Stil und Argumentation des Bundesverfassungsgerichtes nicht immer identifizieren kann, wird sagen müssen: Die Verfassungsgerichtsbarkeit festigt diesen Staat so sehr, daß sich nicht nur Politik und Gesetzgebung einige Fehler leisten können, sondern auch das Bundesverfassungsgericht.

---

46) BVerfGE 43 S. 291, 316.
47) Dazu im einzelnen Niklas Luhmann, Grundrechte als Institution, 2. Aufl. Berlin 1974, S. 131 ff.

Diskussion

Stern

Vielen Dank, Herr Kollege Roellecke, für Ihr hochinteressantes und in Passagen durchaus provokantes Referat; aber das war ja sicher auch von Ihnen so gewollt. Ich finde, daß beide Referate durchaus die Akzente unterschiedlich gesetzt haben, so daß die Diskussion ebenso lebhaft werden wird. Gerade Ihr Referat hat weit ausgeholt und ist tief in das Grundsätzliche hineingegangen. Sie haben uns Anregungen gegeben, auf die sicher die Herren Verfassungsrichter und Wissenschaftler sowie die Herren der Legislative, so sie noch kommen sollten, und der Exekutive einige Antworten geben wollen, vielleicht auch solche, die nicht ganz mit Ihren Argumenten übereinstimmen werden.

Meine Damen und Herren, es liegen eine Reihe bereits angekündigter Diskussionsbeiträge vor, wie Sie dem Programm entnehmen wollen. Leider sind nicht alle der angekündigten Herren auch anwesend. Ich möchte nicht nach der Reihenfolge des Alphabets, wie sie hier abgedruckt ist, vorgehen, sondern die angekündigten Diskussionsbeiträge etwas mischen, wobei ich den Versuch unternehme, auch ein bißchen die funktionale Position der einzelnen Diskussionsredner mit in die Mischung einzubeziehen, so daß vielleicht der eine oder andere Gegensatz dadurch entstehen kann und sogleich eine Antwortmöglichkeit besteht. Leider ist es so, daß die beiden Herren der Legislative, nämlich Herr Dr. Dichgans und Herr Kleinert nicht anwesend sind, auch der anfangs anwesende Abgeordnete des Bayerischen Landtags, Herr Dr. Rost mußte sich leider aus zwingenden anderen terminlichen Gründen verabschieden. Herrn Professor Dr. Schäfer erwarten wir noch. Wenn ich es recht sehe, haben wir keinen Herrn aus der Legislative bei uns. Oder sollte doch einer anwesend sein? Das ist leider nicht der Fall und sehr bedauerlich, aber vielleicht ändert es sich noch, wenn Herr Professor Dr. Schäfer kommt. Darf ich als ersten Diskussionsredner Herrn Vizepräsidenten Professor Dr. Zeidler bitten.

Zeidler

Herr Vorsitzender, meine sehr geehrten Damen und Herren! Die beiden Referate haben eine Fülle der Gesichte ausgebreitet und der Herr Vorsitzende hat eingangs die behutsame Anregung gegeben, man möge sich auch in Form einer Antikritik mit der Kritik an Entscheidungen des Bundesverfassungsgerichts auseinandersetzen. Aus alledem entsteht natürlich für mich jetzt die Versuchung, ein zu improvisierendes drittes Referat zu halten. Da jedoch solche Referate die Eigenschaft haben, länger zu dauern als die vorweg ausgearbeiteten, will ich mich bemühen, dieser Versuchung zu widerstehen.

Vielerorts besteht zur Verfassungsgerichtsbarkeit überhaupt ein ziemlich ambivalentes Verhältnis. In anekdotischer Prägnanz ist mir dies vor etwa drei Jahren auf der Konferenz der Europäischen Verfassungsgerichtshöfe in Rom verdeutlicht worden. Zu den Gästen dieses Treffens gehörte auch der Präsident des Obersten dänischen Gerichtshofes aus Kopenhagen, dessen Beteiligung sich während der Vorträge und Diskussionen durch schweigende Aufmerksamkeit und intensives Notizenmachen auszeichnete. Als es am letzten Tage zu den wechselseitigen Schlußbemerkungen kam, lieferte er seinen einzigen Tagungsbeitrag etwa wie folgt: „Ich bedanke mich, daß Sie mich eingeladen haben, obwohl ich zu Ihrem Kreis so eigentlich nicht ganz dazugehöre. Sehr beeindruckt war ich davon, wie Sie die Belange und Methoden Ihrer Art von Gerichtsbarkeit ausgebreitet und diskutiert haben, und ich habe dabei aufmerksam zugehört. Wenn ich nichts selber gesagt habe, dann ist das hoffentlich nicht als Mangel an Aufmerksamkeit mißverstanden worden. Vieles habe ich beobachtet und gelernt; jetzt werde ich nach Hause zurückfahren und meiner Regierung eingehend berichten. Wir in Dänemark haben keine Verfassungsgerichtsbarkeit, und mein Bericht wird enden mit der dringenden Empfehlung an meine Regierung, es dabei zu belassen."

Offenbar war das Bild der Verfassungsgerichtsbarkeit für den außenstehenden kritischen Beobachter nicht in allen Aspekten so überzeugend ausgefallen, wie es die hauptberuflich Engagierten leicht als vermeintlich selbstverständlich vorauszusetzen geneigt sind. Beobachtungen in ähnlicher Richtung kann man in einer anderen Demokratie mit ehrwürdiger Tradition gewinnen. Unter manchen Richtern des Schweizerischen Bundesgerichts in Lausanne besteht eine vorsichtig skeptische Grundhaltung gegenüber den Plänen, im Zuge der in Aussicht genommenen großen Verfassungsrevision die bereits vorhandenen Elemente einer Verfassungsgerichtsbarkeit erheblich auszubauen, wobei gewiß die Besonderheiten auf Grund der dort praktizierten Referendums-Demokratie zusätzlich ins Gewicht fallen.

Die Institution eines Verfassungsgerichts und die dadurch vorgezeichnete Methode einer Lösung von verfassungsrechtlichen Konflikten wird also im Kreise der demokratischen Staaten keineswegs durchgängig akzeptiert. Andererseits ist sie offenbar in der Bundesrepublik Deutschland recht populär geworden. Sonst hätte kaum das Bundesverfassungsgericht bei Umfragen, in welche Einrichtungen staatlicher und gesellschaftlicher Art die Bürger das meiste Vertrauen setzen, über Jahre hinweg mit erheblichem Abstand an der Spitze gelegen, weit vor den Kirchen, Gewerkschaften und politischen Parteien. Auch wenn man nicht der gefährlichen, aber leider verbreiteten Versuchung unterliegt, die demokratische Staatsform durch die demoskopische ersetzen zu wollen, sollte bei einer zusammenfassenden Bewertung der auf diese Weise erkennbar werdende Meinungs- und Bewußtseinszustand in der Bevölkerung nicht ganz außer Betracht bleiben.

Vieles ist, wie gesagt, ausgesprochen worden, und ich muß mich auf einige Teilaspekte beschränken. Ein wesentlicher Teil der Kritik, wie sie heute – sehr behutsam – Herr Schäfer geäußert hat, an anderer Stelle andere

Leute weniger behutsam, beruht auf einer Grundprämisse, nämlich der Annahme einer strikten Trennung von Recht und Politik. Diese These kann sich auf sehr ehrwürdige Autoritäten berufen, nicht zuletzt auf Gerhard Leibholz, der gerade in den 50er Jahren, als die Fundamente der heutigen Verfassungsgerichtsbarkeit gelegt wurden, dieser Trennung von Recht und Politik große Bedeutung beigelegt hat. Ich meine aber, daß man bei der Annahme, eine solche Trennung sei konsequent durchzuhalten, leicht einer Illusion erliegt. Nach meiner Auffassung hat Ernst Benda die zugrunde liegende Konstellation besser und zutreffender dargestellt, als er die Metapher gebrauchte, Recht und Politik seien verschiedene Aggregatzustände einer und derselben Sache. Das heutige Recht ist das Ergebnis der Politik von Gestern, und die Politik von Heute schafft das Recht von Morgen. Also verschiedene Aggregatzustände derselben Sache.

Die Nähe des Bundesverfassungsgerichts zum Bereich politischer Entscheidungen ist sogar gesetzlich ausdrücklich verankert, nämlich bei den in § 32 Abs. 1 BVerfGG geregelten Voraussetzungen für den Erlaß einer einstweiligen Anordnung. Zwar handelt es sich um eine Sondervorschrift im Zusammenhang der Verfahrensregelungen. Doch behält es seine grundsätzliche Bedeutung, daß dem Gericht u. a. eine Abwägung aufgetragen ist, ob der Erlaß einer einstweiligen Anordnung „aus einem anderen wichtigen Grund zum gemeinen Wohl dringend geboten ist". Wenn es auch entfernt vergleichbare Regelungen in anderen Prozeßordnungen gibt, wird man – insbesondere mir Rücksicht auf Natur und Streitgegenstand der beim Bundesverfassungsgericht anhängigen Verfahren – insoweit wohl kaum noch von Rechtsanwendung im engeren klassisch-herkömmlichen Sinne reden können; vielmehr sind hier Elemente von politischer Substanz zum Gegenstand der Normanwendung gemacht worden.

Bereits an dieser Stelle läßt sich eine erste Ursache von Mißverständnissen und fehlgehender Kritik konstatieren. Dazu ein Beispiel: Im Dezember 1977 hat das Bundesverfassungsgericht durch einstweilige Anordnung die Wehrpflicht-Novelle, in der es um die Neuregelung des Rechts der Kriegsdienstverweigerung ging, außer Anwendung gesetzt. Ein wesentlicher Teil der Begründung für diese Entscheidung war die zahlenmäßige Entwicklung der Anträge auf Anerkennung als Kriegsdienstverweigerer einerseits und der zur Verfügung stehenden Plätze im Zivildienst andererseits. Hier zeichnete sich ein Mißverhältnis ab, das möglicherweise später kaum noch aufzufangen gewesen wäre. Die einige Monate später ergehende Entscheidung zur Hauptsache war dagegen mit ganz anderen, nämlich rechtlichen Argumentationen – zur grundrechtlichen Einordnung der Wehrpflicht, zum Gewissensbegriff etc. – begründet. Danach gab es nicht nur, was noch zu verstehen gewesen wäre, Journalisten von Boulevardzeitungen und ähnlichen Blättern, sondern auch Leute in nicht ganz belangloser Funktion im politischen und gesellschaftlichen Leben, die dem Gericht einen Wechsel der Argumentation vorwerfen. Diese Kommentatoren hatten in ihrem kritischen Eifer nicht bemerkt, daß von Gesetzes wegen die Entscheidung über eine einstweilige Anordnung auf anderer rechtlicher Grundlage ergeht als die Entscheidung zur Hauptsache.

Zweierlei Nutzanwendung läßt sich aus dieser Erfahrung wohl gewinnen; erstens, daß Recht und Politik schon nach den für das Bundesverfassungsgericht geltenden Rechtsgrundlagen seiner Tätigkeit nahe beieinanderliegen, und zweitens, daß manche kritischen Äußerungen gegenüber den Entscheidungen des Gerichts an diesem Grundtatbestand vorbeigehen; ihre Qualität ist dann auch dementsprechend.

Die Beschaffenheit unserer Rechtsordnung insgesamt macht es unmöglich – und ich erinnere an die Formel von Ernst Benda –, Politik und Recht strikt zu trennen. Allerdings braucht eine Rechtsordnung nicht so beschaffen zu sein, jedoch die unsere ist es. Durch die Formulierung in Art. 20 Abs. 3 GG „Gesetz und Recht", die ja nicht eine inhaltslose Tautologie sein soll, hat der Verfassungsgeber positiv entschieden, daß die Gesetze nicht den Bestand des Rechtes erschöpfen, daß Recht mehr sein kann als Gesetze und die Summe der Gesetze weniger als Recht. Nachdem dies so in der Verfassung steht, kann die Anwendung von Recht außerhalb der Gesetze – das zu finden gewiß immer eine schwierige Aufgabe ist – nicht per se als quasi Amtsmißbrauch gerügt werden. Schließlich gilt als einer der großen rechtskulturellen Fortschritte des Grundgesetzes gegenüber der Weimarer Reichsverfassung die Überwindung des Wertrelativismus, das Verständnis des Rechtsstaatsprinzips und des Demokratieprinzips nicht nur im formalen, sondern auch im materiellen Sinne. Hier liegen die Wurzeln für die Möglichkeit eines Parteiverbots, einer Verwirkung von Grundrechten, die Maßstäbe für Entscheidungen über das Problem der sogenannten Radikalen im öffentlichen Dienst. Gewiß alles schwierige und folgenreiche Fragen, die sich daraus ergeben, Rechtsgrundsätze auch als Ausprägung materialer Wertentscheidungen zu verstehen. Ich wiederhole: Man braucht seine Rechtsordnung nicht in dieser Weise auszugestalten, aber wir in unserem Lande haben es so gemacht.

Hinzukommen die Auswirkungen der gemäß Art. 1 Abs. 3 GG unmittelbaren Geltung der Grundrechte, auch gegenüber dem Gesetzgeber. Für die Grundrechte der Artikel 1 und 2 GG gilt dies nicht anders als für alle anderen Grundrechtsbestimmungen. Dabei handelt es sich zum Teil um Normen mit fast unendlicher Offenheit, mit nur schwer begrenzbaren, weiten Interpretationsspielräumen. Gleichwohl sind auch sie unmittelbar anzuwenden, als Folge einer dahin gehenden positiven Entscheidung des Verfassunggebers.

Dann muß als ein in diesem Sinne gleichgerichtet wirkender Faktor gesehen werden, daß auch der Gleichheitssatz des Art. 3 Abs. 1 GG unmittelbar gegenüber dem Gesetzgeber gilt, obwohl schließlich seit den Vorsokratikern bekannt ist, daß die Frage danach, was gleich und was ungleich ist, nur schwer entschieden werden kann. Auch hier werden wertende Beurteilungen erforderlich und weite Interpretationsspielräume eröffnet. Vor diesem Hintergrund scheint mir die Vorstellung, Recht und Politik begrifflich streng trennen zu können, allzu sehr in den Bereich des Theoretischen, wenn nicht gar Illusionären zu gehören. Erlauben Sie, in diesem Zusammenhang ein praktisches Beispiel zu erwähnen: Vor etwa einem Jahr hat der Erste Senat des Bundesverfassungsgerichts dahin entschieden, daß die Verfassung es in bestimmten Fällen gebiete, die Ein-

tragung des Geschlechts eines Transsexuellen im Geburtenbuch perso-
nenstandsrechtlich wirksam zu berichtigen. Der Bundesgerichtshof hatte
vorher die Auffassung vertreten, daß dieser winzigen Minderheit in unserem Lande, die im Laufe ihres Lebens faktisch das Geschlecht wechselt
und damit auf unendliche Lebensprobleme stößt, nicht geholfen werden
könne, da ein entsprechendes Gesetz fehle. Das Bundesverfassungsgericht dagegen hat sich auf den Standpunkt gestellt, daß es zwar an einer
gesetzlichen, nicht aber an einer rechtlichen Regelung fehle. Die entscheidende Passage in den Entscheidungsgründen lautet:

Die Auffassung des Bundesgerichtshofs, daß die Regelungsprobleme, die sich mit
der Geschlechtsumwandlung verbinden, nicht im Wege richterlicher Rechtsfortbildung gelöst werden könnten, verkennt, daß insoweit zwar eine Gesetzeslücke
bestehen mag, daß jedoch angesichts der dargelegten verfassungsrechtlichen Lage,
die zu einer unmittelbar aus dem Grundrecht des Art. 2 Abs. 1 in Verbindung mit
Art 1 Abs. 1 GG folgenden Verpflichtung der Gerichte führt, jedenfalls nicht von
einer Lücke rechtlicher Regelung gesprochen werden kann.

Hier ist ein Beispiel für eine Nutzanwendung der Verfassungsformulie-
rung von „Gesetz und Recht" in Art. 20 Abs. 3 GG in der Verfassungswirklichkeit. In Ansehung der zu entscheidenden Frage besteht zwar eine
Lücke im System der Gesetze, nicht aber im Recht; denn die Verfassung
beantwortet die Frage selbst und unmittelbar.
In sehr ähnlicher Weise hat übrigens der Bundesgerichtshof selbst vor
etwa 25 Jahren judiziert, als er in den bekannten Fällen der Persönlich-
keitsrechtsverletzung entgegen dem Wortlaut des BGB Schadensersatz in
Geld auch für immaterielle Schäden zuerkannte. Einige der von diesen
Entscheidungen Betroffenen hatten sich damit nicht zufrieden gegeben
und mit der Verfassungsbeschwerde vor dem Bundesverfassungsgericht
gerügt, daß der Bundesgerichtshof die von der Verfassung für seine Tätigkeit gezogenen Grenzen überschritten habe. Das Rechtsstaatsprinzip und
vor allem der Grundsatz der Gewaltenteilung seien verletzt, weil der
Bundesgerichtshof, statt sich auf seine Aufgabe der Rechtsprechung zu beschränken, auf das Gebiet der Rechtspolitik übergegriffen habe. Die dem
Richter von Verfassung und Gesetz her gezogenen Grenzen seien damit
überschritten worden. In etwas anderer Falleinkleidung also der Sache
nach derselbe Vorwurf, der bei vielerlei Gelegenheiten in den letzten Jahren dem Bundesverfassungsgericht vor allem von denjenigen gemacht
worden ist, die über die politischen Auswirkungen seiner Entscheidungen
enttäuscht waren. In seiner Entscheidung vom 14. Februar 1973 hat der
Erste Senat des Bundesverfassungsgerichts diese Verfassungsbeschwerden gegen die Urteile des Bundesgerichtshofs zurückgewiesen und in diesem Zusammenhang damit zu den Grundsatzfragen im Verhältnis von
Rechtsetzung und Rechtsprechung Stellung genommen. Auch hier erlauben Sie mir bitte im Interesse der Deutlichkeit eine entscheidende Passage
vorzulesen. Sie ist gesprochen an die Adresse des Bundesgerichtshofs, aber
man tut den Dingen wohl keine Gewalt an, wenn man davon ausgeht, daß
das Bundesverfassungsgericht dabei auch seine eigene Situation bei der
Wahrnehmung seiner Funktionen vor Augen gehabt hat. Es heißt in der
Entscheidung also:

Das Recht ist nicht mit der Gesamtheit der geschriebenen Gesetze identisch. Gegenüber den positiven Satzungen der Staatsgewalt kann unter Umständen ein Mehr an Recht bestehen, das seine Quelle in der verfassungsmäßigen Rechtsordnung als einem Sinnganzen besitzt und dem geschriebenen Gesetz gegenüber als Korrektiv zu wirken vermag; es zu finden und in Entscheidungen zu verwirklichen, ist Aufgabe der Rechtsprechung. Der Richter ist nach dem Grundgesetz nicht darauf verwiesen, gesetzgeberische Weisungen in den Grenzen des möglichen Wortsinns auf den Einzelfall anzuwenden. Eine solche Auffassung würde die grundsätzliche Lückenlosigkeit der positiven staatlichen Rechtsordnung voraussetzen, ein Zustand, der als prinzipielles Postulat der Rechtssicherheit vertretbar, aber praktisch unerreichbar ist. Richterliche Tätigkeit besteht nicht nur im Erkennen und Aussprechen von Entscheidungen des Gesetzgebers. Die Aufgabe der Rechtsprechung kann es insbesondere erfordern, Wertvorstellungen, die der verfassungsmäßigen Rechtsordnung immanent, aber in den Texten der geschriebenen Gesetze nicht oder nur unvollkommen zum Ausdruck gelangt sind, in einem Akt des bewertenden Erkennens, dem auch willenhafte Elemente nicht fehlen, ans Licht zu bringen und in Entscheidungen zu realisieren.

Nimmt man diesen Text beim Wort, dürfte unzweifelhaft sein, daß in der Wirklichkeit Recht und Politik nicht in begrifflich strenger Weise getrennt werden können, wie man es sich vielleicht früher vorgestellt hat. Unsere staatliche Ordnung wird nun einmal nicht zuletzt dadurch charakterisiert, daß sich die meisten Probleme auch zu Fragen des Rechts machen lassen. Und von dieser Möglichkeit wird allerseits entsprechend reichlicher Gebrauch gemacht. Nach der Rollenverteilung aber, wie sie im Grundgesetz festgelegt worden ist, hat die Dritte Gewalt das letzte Wort bei der Entscheidung von Rechtsfragen. Das könnte nun alles – höchst mißverständlich – so klingen, als ob ich mit diesen Worten befürworten wollte, daß sich das Bundesverfassungsgericht unaufhaltsam zu Oberregierung und Obergesetzgeber zugleich entwickelte. Eine solche Gefahr kann in der Tat bestehen. Dessen sind wir uns in unserer täglichen Arbeit durchaus bewußt. Die Schwierigkeit besteht nicht darin, die dahinter liegende Grundsatzproblematik zu entdecken; diese haben wir uns – wenn ich das einmal sehr salopp ausdrücken darf – längst an den Schuhsohlen abgelaufen. Die Frage lautet: Was macht man aus alle dem in der Realität der täglichen Arbeitspraxis?

In einem zweiten Fall meiner Ausführungen will ich darzulegen versuchen, wie das Bundesverfassungsgericht in der Entwicklung seiner Rechtsprechung bemüht war, seinen Erfindungsreichtum zu mobilisieren, um die mit dieser Grundkonstellation verbundenen Risiken und Friktionen zu mildern. Es hat nämlich nach und nach ein ganzes vielgefächertes Instrumentarium als Gegengewicht gegen den sich sonst in seinen Händen akkumulierenden Einfluß mit unvermeidlichen politischen Auswirkungen herausgebildet. Zunächst ist hier das Prinzip der verfassungskonformen Auslegung zu erwähnen. Solange ein Gesetzeswortlaut auf mehrfache Art ausgelegt werden kann – in der Praxis ein häufiger Fall –, kommt eine Nichtigerklärung nur dann in Betracht, wenn keine dieser denkbaren Auslegungen verfassungsmäßig ist. Von dieser Möglichkeit hat das Gericht sehr häufig Gebrauch gemacht und sie spielt in der täglichen Praxis seit vielen Jahren fast eine ebensogroße Rolle wie eine Nichtigerklärung oder die Feststellung einer Verfassungswidrigkeit von Gesetzen. Der Vorteil liegt in der Erhaltung der Norm, der Vermeidung einer Lücke im

System der Gesetze und einer gewissen Schonung der Autorität des Gesetzgebers. Gleichwohl lassen sich auch Nachteile nicht verkennen. Es kann dahin kommen, daß auf diese Weise dem Gesetz durch eine Auslegung mit verbindlicher Wirkung ein Sinn untergelegt wird, der mit den Vorstellungen des Gesetzgebers bei dessen Verabschiedung nicht übereinstimmt. Dem Gesetz wird dann gewissermaßen bei unveränderter Geltung seines Wortlauts ein Inhalts- und Bedeutungswandel aufgezwungen. Ein solcher Eingriff in den Entscheidungsbereich des Gesetzgebers kann unter Umständen im Ergebnis nicht viel weniger einschneidend sein als eine ausdrückliche Nichtigerklärung. Doch handelt es sich allenfalls um eine nur vorübergehende Kupierung gesetzgeberischer Befugnisse. Denn ein Gesetzgeber, der die vom Bundesverfassungsgericht gefundenen Auslegungsergebnisse nicht zu akzeptieren bereit ist, behält – nicht anders als bei einer Nichtigerklärung – die Möglichkeit, sich zu einer umfassenderen oder andersartigen Neuregelung zu entschließen, die das Problem auf eine dritte oder vierte Weise regelt. Was als – zuweilen politisch so empfundenes – Ärgernis bleibt, ist ein vom Bundesverfassungsgericht für den Gesetzgeber geschaffener Handlungszwang. Aber ein derartiges Zusammenspiel und auch Gegeneinander der Verfassungsorgane gehört zum Wesen der Gewaltenteilung und ihrem bestimmungsgemäßen Funktionieren. Im übrigen ist zu diesem Fragenbereich in absehbarer Zeit eine Entscheidung des Plenums des Bundesverfassungsgerichts zu erwarten.

Auf gleicher Linie liegt es, wenn die Unterscheidung entwickelt worden ist zwischen einerseits einer Nichtigerklärung von Gesetzen wegen Verstoßes gegen Verfassungsrecht und andererseits einer Feststellung ihrer Unvereinbarkeit mit dem Grundgesetz unter Verzicht auf Anspruch der Nichtigkeit. Vor allem gaben Anlaß zu dieser Entscheidungsmodalität diejenigen Fälle aus dem Sozialrecht, in denen eine Verletzung des Gleichheitssatzes gerügt wurde unter Berufung darauf, daß in willkürlicher Weise der einen Gruppe von Berechtigten Leistungen gewährt worden seien, einer anderen Gruppe hingegen nicht. Erkennt nun in der Tat das Bundesverfassungsgericht, daß die vom Gesetzgeber für die unterschiedliche Gewährung von Leistungen zugrunde gelegte Differenzierung verfassungsrechtlich nicht haltbar ist, bieten sich theoretisch – natürlich nicht in der auf die Wahrung von Besitzständen erpichten politischen Wirklichkeit – zwei Lösungsmöglichkeiten an: Entweder beide Gruppen erhalten die umstrittene Leistung oder keine von ihnen. Da die verletzte Balance des Gleichheitsprinzips sowohl auf die eine als auf die andere Weise wiederhergestellt werden kann, gebührt der Entscheidung des Gesetzgebers die Vorhand, für welche dieser Alternativen er sich entscheidet, wobei möglicherweise noch dritte oder vierte Lösungen bei einer umfänglicheren Neuordnung der Regelungsmaterie in Frage kommen können. Diese gesetzgeberische Gestaltungsfreiheit darf vom Bundesverfassungsgericht nicht dadurch verkürzt werden, daß es von sich aus bestimmt, auf welche Weise die Gleichheitsverletzung zu beheben ist, und damit eine Festlegung auf eines der möglichen Lösungsmodelle bewirkt. Auf diese Weise hat die Rechtsprechung des Gerichts selbst eine Entscheidungstechnik entwickelt, durch welche die dem Gesetzgeber gebührende Entscheidungsprärogative im jeweils größtmöglichen Maße geschont werden soll. Unter Ausdehnung ihres ursprünglichen Anwendungsbereiches auf dem Feld der Prüfung nach Maßgabe des Gleichheitssatzes ist sie in letzter Zeit auch erweitert worden auf diejenigen Konstellationen, in denen die Gesamtregelung einer Materie im Ergebnis als verfassungswidrig erkannt wurde, ohne daß sich – wegen der Wechselwirkung und des Ineinandergreifens mehrerer Rechtsvorschriften – die Verfassungswidrigkeit exakt einer genau zu konkretisierenden Einzelvorschrift zuordnen ließe. Als Beispiel hierfür sei auf die soeben ergangene Entscheidung zum Kleingartenrecht hingewiesen, deren Tenor sowohl Erklärungen der Nichtigkeit wie Feststellungen der Unvereinbarkeit enthält.

Das wesentliche Merkmal dieser Entscheidungsmethode besteht, wie gesagt, darin, die Verfassungswidrigkeit eines bestimmten Rechtszustandes klarzustellen, gleichzeitig aber dem Gesetzgeber die Wege zur Behebung der festgestellten Mängel offenzuhalten. Auf gleicher Ebene liegt es, wenn eine verfassungsrechtlich bedenkliche Rechtslage für einen begrenzten Übergangszeitraum ausdrücklich noch hingenommen wird. Dies kommt vor allem dann in Frage, wenn wegen der Kompliziertheit der Materie oder ihrer Verflechtung mit anderen Rechts- und Lebenssachverhalten mit einer punktuellen Nichtigerklärung ohnehin nur Teilwirkungen erzielt oder sogar Unordnung und Verwirrung geschaffen würden. Das typische Beispiel ist die Entscheidung zum alten Umsatzsteuerrecht, die zu einem Zeitpunkt erging, als der Übergang zum neuen Prinzip der Mehrwertsteuer sowieso dicht bevorstand. In dieser Situation das alte Umsatzsteuerrecht für verfassungswidrig zu erklären, wäre schlechterdings ohne vernünftigen Sinn gewesen: Es hätte einerseits den Staat hinsichtlich einer Steuer, die eine seiner wichtigsten Finanzierungsquellen darstellt, in totale Rechtsunsicherheit gestürzt, ohne andererseits den infolge technisch bedingter Zwänge benötigten Zeitraum für den Übergang zu einem neuen Steuersystem effektiv verkürzen zu können. Da entsprach es schon eher dem gesunden Menschenverstand, der Verantwortung für die praktischen und politischen Folgen einer Entscheidung und letztlich auch der intellektuellen Redlichkeit, offen zu dekretieren, daß ein mit verfassungsrechtlichen Mängeln behafteter Zustand noch für eine begrenzte Übergangszeit hingenommen werden muß. Inzwischen sind noch weitere solcher Entscheidungen ergangen, die einerseits die in der Regelung der jeweiligen Materie steckenden Verfassungswidrigkeiten aufdecken, aber andererseits dem Gesetzgeber ein Optimum an Gestaltungsfreiheit belassen, um sie nach seinen eigenen Zielvorstellungen für die Zukunft zu beheben.

In diesem Zusammenhang ist auch die Methode der sogenannten Appell-Entscheidung zu erwähnen, bei der dem Gesetzgeber ein noch direkterer Handlungsauftrag, unter Umständen mit exakter Fristsetzung, erteilt wird. Man kann mit guten Gründen die Frage aufwerfen, ob Verfassungsorgane auf eine derartige – zuweilen recht drastisch anmutende – Weise miteinander umgehen sollten. Doch ist es bemerkenswert, daß die solcherart getroffenen Entscheidungen relativ wenig Kritik auf sich gezogen haben, auch seitens des Gesetzgebers nicht, der letztendlich wohl nicht umhin kann, die innere Berechtigung des an ihn gerichteten Appells anzuerkennen, trotz der Unannehmlichkeit der mit ihm verbundenen politischen Zwänge. Das klassische Beispiel für diesen Typ von Entscheidungstechnik ist der Beschluß aus dem Januar 1969, durch den dem Gesetzgeber eine Frist bis zum Ende der laufenden Legislaturperiode im Herbst des gleichen Jahres gesetzt wurde für die abschließende Behandlung der Reform des Rechts der nichtehelichen Kinder, widrigenfalls diese Aufgabe von den Gerichten im Wege der Einzelfallentscheidung durchzuführen gewesen wäre, nicht anders als in den Jahren nach 1953 zum Ehe- und Familienrecht. Zum Hintergrund dieser – vor allem durch die Kürze der exakt bemessenen Fristsetzung – frappierend anmutenden Entscheidung muß man sich vergegenwärtigen, daß einerseits die Reform des Nichtehelichenrechts seit rund 50 Jahren als unerfüllter Verfassungsauftrag verschleppt worden war, daß andererseits aber auch dem Bundestag ein verabschiedungsreifer Entwurf vorlag, der nur noch wegen restlicher Meinungsverschiedenheiten über das Erb- und Erbersatzrecht der nichtehelichen Kinder an den letzten politischen Hürden zu scheitern drohte. Nachdem die Entscheidung des Bundesverfassungsgerichts ergangen war, klappte das Gesetzgebungsverfahren dann besser, das Gesetz wurde rechtzeitig verabschiedet und auch die zunächst unlösbar scheinenden Fragen der Erbregelung wurden – mit dem dadurch bewirkten Druck im Nacken – schließlich lösbar. Auf ähnliche Weise hat das Bundesverfassungsgericht ferner die Verabschiedung eines Strafvollzugsgesetzes durchgesetzt, mit dem auch im Bereich des Strafvollzugs die historisch überholte Rechtsfigur des besonderen Gewaltverhältnisses ersetzt wurde durch den von der Verfassung geforderten Grundsatz des Gesetzesvorbehalts. Gewiß kann bei abstrakter und genereller Betrachtung eine solche Entscheidungstechnik Bedenken begegnen. In den konkret auf diese Art entschiedenen Fällen wurden aber die Gründe des Bundesverfassungsgerichts von einem so starken juristischen und politischen Konsens getragen, daß ein nachhaltiger Widerstand nicht sichtbar wurde. Es war unter den jeweils gegebenen Umständen die optimale Methode, einerseits den Geboten der Verfassung Rechnung zu tragen und andererseits dem Gesetzgeber die Wahrnehmung seiner Funktionen möglichst ungeschmälert zu überlassen.

Als eine weitere Variante in diesem Sinne – vielleicht könnte man sagen: Form einer „bedingten Appell-Entscheidung" – ist aus neuerer Zeit zu erwähnen die Argumentationsfigur der sogenannten „Pflicht zum Nachfassen". Sie hängt damit zusammen, daß eine Prüfung nach den Maßstäben des Verhältnismäßigkeitsgrundsatzes, insbesondere soweit es sich um die Faktoren der „Eignung" und „Erforderlichkeit" zum Beispiel bei wirtschaftslenkenden Gesetzen handelt, eine Auseinandersetzung mit dem Prognoseproblem verlangt. Das Bundesverfassungsgericht ist immer davon ausgegangen, daß dem Gesetzgeber im Hinblick auf Prognosen eine Einschätzungsprärogative gebührt. Erstmals im Urteil zum Mühlengesetz von 1968 ist die Anerkennung eines solchen Vorranges des Gesetzgebers verbunden worden mit dem Hinweis, daß er zur Korrektur seiner früheren Entscheidungen verpflichtet sein könne, wenn sich nachträglich herausstelle, daß die ergriffenen Maßnahmen auf einer Fehlprognose beruhten. Dieser Gedanke hat dann zentrale Bedeutung erlangt in den jüngst ergangenen Entscheidungen zum Atomgesetz – Gerichtsvorlage aus Anlaß des Baues eines sogenannten „Schnellen Brüters" in Kalkar – und zum Mitbestimmungsgesetz. In beiden Fällen ging es um Prognoseeinschätzungen schwierigster Art und mit erheblichem Risikogehalt. Die Entscheidungen über die Verfassungsmäßigkeit dieser Gesetze wurden verbunden mit der Statuierung einer gesetzgeberischen Pflicht, erneut und korrigierend tätig zu werden, falls die den Gesetzen zugrunde liegenden Prognosen sich als falsch erweisen sollten. Wenn jemand also in späteren Jahren mit guten Gründen und durch Tatsachen belegt dahin argumentieren kann, die faktische Entwicklung habe den vom Gesetzgeber zugrunde gelegten Erwartungen in entscheidungserheblicher Weise nicht entsprochen, kann ihm Bindungswirkung und Gesetzeskraft der früheren verfassungsgerichtlichen Entscheidungen nicht entgegengehalten werden. Indem die „Pflicht zum Nachfassen" die Endgültigkeit verfassungsgerichtlicher Entscheidungen relativiert, eröffnet sie potentiell neue gesetzgeberische Handlungs- und Gestaltungsspielräume, eine Folge der in die Zukunft hin offenen dynamischen Natur des Verfassungsrechts.

Bei dem Vergleich mit den obersten Gerichtshöfen anderer Länder wird dem Bundesverfassungsgericht zuweilen der U. S. Supreme Court als mahnendes Beispiel vorgehalten, der es durch die seit langem praktizierte sogenannte political question doctrine verstanden habe, Entscheidungen mit überwiegend politischem Inhalt zu entgehen. Solche Vergleiche sind nicht immer ganz überzeugend, da hierbei leicht die unterschiedlichen Inhalte und Strukturen der verschiedenen Rechtsordnungen übersehen werden, die einer Vergleichbarkeit Grenzen ziehen. Jedoch hat es der Zufall gefügt, daß gerade auf dem Gebiet der bereits erwähnten sogenannten „Kalkar-Entscheidung" des Bundesverfassungsgerichts ein Vergleich sich deshalb anbietet, weil nur wenige Monate vor dem Bundesverfassungsgericht auch der U. S. Supreme Court eine ähnliche Entscheidung zum Themenkreis der Kernenergie zu fällen hatte. Er hat in recht deutlichen Worten unter Aufhebung der Vorinstanzen auf die politische Entscheidungsprärogative hingewiesen, daß nämlich Kernenergie gut oder schlecht sein könne, Klarheit hierüber aber erst in fernerer Zukunft zu gewinnen sei, so daß die Entscheidung dafür oder dagegen folglich auf dem Wege der politischen Auseinandersetzung, nicht aber dem der Rechtsfindung oder Rechtsanwendung gefunden werden müsse. In den Worten des Bundesverfassungsgerichts liest sich der gleiche Gedanke so:

Die Befürchtungen des Oberverwaltungsgerichts sind im wesentlichen aber auf das mögliche Eintreten künftiger politischer Entwicklungen allgemeinster Art bezogen; hierfür gebricht es an allgemein anerkannten Erkenntnisverfahren, die über eine Beweisaufnahme eine richterliche Überzeugung in der einen oder in der anderen Richtung zu begründen vermöchten.
Erst die Zukunft wird erweisen, ob die Entscheidung für die Anwendung der Brütertechnik mehr zum Nutzen oder zum Schaden gereichen wird. In dieser, notwendigerweise mit Ungewißheit belasteten Situation liegt es zuvorderst in der politischen Verantwortung des Gesetzgebers und der Regierung, im Rahmen ihrer jeweiligen Kompetenzen die von ihnen für zweckmäßig erachteten Entscheidungen

zu treffen. Bei dieser Sachlage ist es nicht Aufgabe der Gerichte, mit ihrer Einschätzung an die Stelle der dazu berufenen politischen Organe zu treten. Denn insoweit ermangelt es rechtlicher Maßstäbe.

Erhebliche Unterschiede in der Argumentation beider Gerichte wird man hier kaum entdecken können. Beide gehen davon aus, daß Rechtsanwendung ihrem Wesen nach das Vorhandensein rechtlicher Maßstäbe voraussetzt. Fehlt es an solchen, handelt es sich um eine Materie ohne rechtliche Substanz, gelangt auch die Funktion der Gerichte – die vom Wesen der Gewaltenteilung her geprägt ist – inhaltlich an ihre Grenzen. Vielleicht sollten sich manche Verwaltungsgerichte diese Grundeigenschaft der rechtsprechenden Funktion deutlicher vor Augen halten, wenn sie in Anfechtungsverfahren über Planfeststellungsbeschlüsse oder verkehrstechnische oder energiewirtschaftliche Großprojekte sich in die Rolle des Schiedsrichters über wissenschaftlich-technisch umstrittene Detailfragen drängen lassen.

Schließlich muß bei alledem ohne Rücksicht auf Einzelfragen der rechtlichen Ausgestaltung gesehen werden, daß auch unsere Verfassung das ist, was die Amerikaner eine living constitution nennen. Sie ist in sich dynamisch, dem Prinzip ständiger Wandelbarkeit unterworfen, die sich schon aus den zahlreichen Berührungsebenen mit der politischen, sozialen und ökonomischen Wirklichkeit sowie den Verflechtungen mit den übrigen Bereichen des Rechts, vom Völkerrecht bis zum einfachen Gesetzesrecht, ergibt. Einem Übermaß an Verkrustung, das eine ausufernde Verfassungsjudikatur bewirken könnte, steht diese innere Eigengesetzlichkeit des Verfassungsrechts entgegen. Ungeachtet der Gesetzeskraft, Bindungswirkung und Rechtskraft verfassungsgerichtlicher Entscheidungen – das sind die drei rechtstechnischen Kategorien, um die es dabei geht – kann allein durch Zeitablauf eine einmal entschiedene Frage unter veränderten Verhältnissen wieder zu einer offenen werden. Als Beispiel hierfür sei die Entscheidung aus dem Mai 1974 angeführt, der sogenannte „Solange-Beschluß" über das Verhältnis der vom Grundgesetz gewährleisteten Grundrechte zum Recht der Europäischen Gemeinschaften. Nur etwa fünf Jahre danach ist kürzlich entschieden worden, daß es nunmehr offenbleiben könne, ob und gegebenenfalls wieweit – etwa angesichts mittlerweile eingetretener politischer und rechtlicher Entwicklungen im europäischen Bereich – die Grundsätze dieses Beschlusses uneingeschränkt Geltung beanspruchen könnten. Eine Tür, die seinerzeit nach Auffassung mancher kritischer Europarechtler voreilig geschlossen wurde, ist also zumindest einen Spalt breit wieder geöffnet worden, und das nach nur wenigen Jahren. Diese Art von Flexibilität und Entwicklungsfähigkeit gehört zum Wesen des Verfassungsrechts, und wenn von ihr der richtige Gebrauch gemacht wird, lassen sich manche Bedenken gegen die Institution der Verfassungsgerichtsbarkeit damit erheblich mildern. Hier sind auch die Möglichkeiten zu finden, um etwa entstandene ungute und nachteilige Gewichtsverschiebungen im Verhältnis zwischen Gesetzgeber und Verfassungsgericht auf lange Sicht wieder auszugleichen.

Eine Ursache für zu weit gehende und überflüssige Beeinträchtigungen der gesetzgeberischen Gestaltungsfreiheit wird auch darin gesehen, daß das Bundesverfassungsgericht zu umfangreiche Urteile verfasse und durch zu weitläufige rechtliche Abhandlungen dem Gesetzgeber Programme für Neuregelungen und Alternativlösungen aufnötige. Doch kritische Stimmen in dieser Richtung sind zuweilen widerspruchsvoll. Nicht selten kommt es vor, daß es zugleich heißt, die Praxis werde im Stich gelassen, weil viele drängende Fragen unbeantwortet blieben, weil mehr Probleme aufgeworfen als gelöst würden. Stellt man die verschiedenen Arten von Kritik nebeneinander, läßt sich gelegentlich der Eindruck nicht vermeiden, sie höben sich gegenseitig auf.

Im internationalen Rahmen gibt es Beispiele und Vergleichsmöglichkeiten genug für den Entscheidungsstil der höchsten Gerichte. Die Entscheidung des Bundesverfassungsgerichts zum Beispiel zur Gültigkeit des Europawahlgesetzes umfaßt 42 Schreibmaschinenseiten, die des französischen Verfassungsrates zur entsprechenden Frage dort nur etwa 2 Seiten. In unserer internen Umgangssprache haben wir früher einmal diese Art von Begründungstechnik in halbem Scherz als „imperialen Entscheidungsstil" gekennzeichnet. Wenn ich mal ganz salopp reden soll, könnte ich sagen: Wir können das auch, wenn man es so wünscht. Aber will die Rechtsgemeinschaft wirklich verfassungsgerichtliche Urteile in diesem Stil haben und täte sie gut daran, es sich zu wünschen? Bisher hat das Gericht aller Geschäftsbelastung zum Trotz am argumentativen Urteilsstil festgehalten, trotz der damit verbundenen Mehrarbeit und obwohl die Stoffülle ständig weiterwächst: über 50 Bände der Amtlichen Sammlung, jeder im Durchschnitt 400 Seiten, und es geht im Anwachsen der Reihe stetig weiter. Das Gericht hält aber den Versuch zu überzeugen für seine Aufgabe: zu argumentieren und den Stoff zur Konsensbildung zu geben. Ein schlichtes Diktum nach dem Motto „Friß Vogel oder stirb" wäre gewiß einfacher.

Die häufig beklagte Ausführlichkeit der Entscheidungsgründe ergibt sich nicht zuletzt daraus, daß im Verfassungsrecht mit Normen gearbeitet werden muß, die gelegentlich einen unendlich weiten Interpretationsspielraum enthalten. Für Zwecke der Rechtsprechung werden sie erst dadurch handhabbar, daß ihr auf den spezifischen Fall anzuwendender konkreter Norminhalt bestimmt wird. Soll dies in für den Leser nachvollziehbarer Weise dargestellt werden, erfordert die Offenlegung der dazu gehörenden Gedankengänge einigen textlichen Aufwand. Es liegt im Wesen einer Verfassung, daß nicht alle aus ihr gezogenen Folgerungen unmittelbar dem Wortlaut entnommen werden können, zum Beispiel kommt auch im Text der Verfassung der Vereinigten Staaten das Wort „Schulbus" nicht vor.

Die Behauptung, daß diese Art der Urteilsbegründung den Gesetzgeber auf Alternativlösungen fixiere, an denen er dann kraft verfassungsrichterlicher Entscheidung gewissermaßen unentrinnbar „festklebe", scheint mir nicht zutreffend. Ein gewisses Maß an indirekter Bindungswirkung ergibt sich allein als Sachgesetzlichkeit aus der Natur argumentativer Urteilsgründe. Nehmen Sie als Beispiel die Aussagen des Mitbestimmungs-Urteils über den Eigentumsbegriff und die Koalitionsfreiheit. Das Bundesverfassungsgericht ist zu seiner Entscheidung über die Verfassungsmäßigkeit des Mitbestimmungsgesetzes gekommen auf Grund eines bestimmten, im einzelnen näher dargelegten Verständnisses dieser Verfassungsbegriffe. Eine solche Darlegung läßt unter Umständen bei einer gründlichen Analyse des Urteilsinhaltes erkennen, daß gesetzliche Regelungen mit einem anderen Inhalt verfassungsrechtlich nicht haltbar gewesen wären. Oder: Das Gericht hatte festgestellt, daß nach der Regelung des Mitbestimmungsgesetzes eine schwache Unterparität der Arbeitnehmerseite bestehe, und daraus wesentliche Elemente seiner rechtlichen Argumentation gewonnen. Das läßt Schlußfolgerungen darauf zu, daß bei Feststellung einer Voll- oder gar Überparität die Argumentation nicht dieselbe hätte sein können. Aber sind das vom Gericht auferlegte Zwänge, jedenfalls andere als diejenigen, die sich allein aus juristischer Logik und Subsumtionstechnik ergeben? Es handelt sich hierbei letztlich doch um nichts anderes als die Konsequenz daraus, daß eine genauere Beschreibung des Norminhalts der Verfassung und die Bestimmung von Folgerungen hieraus im Umkehrschluß unter Umständen erkennen lassen, daß andersartige Regelungen bestimmter Art nicht mehr mit Anerkennung als verfassungsmäßig rechnen könnten. Solange das Gericht in dieser Weise versucht, die inhaltlichen Aussagen der Verfassung durch rationale, im einzelnen begründete Argumentation zu verdeutlichen und zu präzisieren, fallen dabei gewissermaßen jeweils als Nebenprodukt unvermeidlich neue Erkenntnisse darüber ab, welche anderen Wege und Entscheidungsmöglichkeiten von Verfassungs wegen gangbar und welche es nicht sind. Einen solchen Erkenntnisvorgang als Handlungsanweisung an den Gesetzgeber oder andere Verfassungsorgane zu verstehen, scheint mir ein grundlegendes Mißverständnis dieser Art von verfassungsgerichtlicher Arbeitsweise zu sein. Wer solche Art Auswirkungen der Verfassungsgerichtsbarkeit nicht wünscht, sollte ehrlich genug sein zu erklären, daß er es nicht für gut hält, wenn der Bereich politischen Handels mit normativen Maßstäben rechtlich überprüft wird. Die Folgerung wäre die Abschaffung eines Verfassungsgerichts – und mit dieser Bemerkung kehre ich an den Ausgangspunkt zurück, wo ich darauf hingewiesen habe, daß diese Einrichtung nicht in allen rechtsstaatlichen Demokratien ungeteilte Zustimmung findet.

Aber die politisch motivierte Kritik am Bundesverfassungsgericht ist höchst inkonsequent und einseitig. Wenn man schon die Kategorie der politischen Entscheidung verwenden will – ich verstehe sie als Rechtsentscheidung mit starker politischer Wirkung –, gehören vor allem zum Beispiel das Apotheken-Urteil von 1958 und das Fernseh-Urteil von 1961 dazu. In ihnen hat das Bundesverfassungsgericht in besonders nachhaltiger Weise den politischen Willen anderer Verfassungsorgane beiseite geschoben und seine eigenen Befugnisse weit ausgelegt. Gleichwohl werden sie heute von denjenigen, die dem Bundesverfassungsgericht – wie ich meine im großen und ganzen zu Unrecht – Übergriffe in den politischen Bereich vorwerfen, als Musterbeispiele „guter Verfassungsgerichtsentscheidungen" zitiert. In letzter Zeit kam die Kritik an dem vermeintlich politischen Inhalt der Entscheidungen des Bundesverfassungsgerichts vor allem aus dem politischen Lager derjenigen, die vor zehn Jahren den

Begriff des „politischen Richters" eingeführt und intensiv propagiert haben. Diese Einseitigkeit, meine Damen und Herren, macht es ein wenig schwer, solche Art von Kritik mehr als rein intellektuell zur Kenntnis zu nehmen.

Stern

Vielen Dank, Herr Zeidler. Herr Friesenhahn, Sie hatten vorhin die Hand erhoben zu einem Widerspruch, einer direkten Intervention. Wollen Sie dies ausnützen, um das Ganze etwas lebhafter zu machen?

Friesenhahn

Ich habe keinen vorbereiteten Diskussionsbeitrag, ich möchte nur spontan etwas zu dem sagen, was Herr Präsident Zeidler vorhin ausgeführt hat. Meine Intervention ist ausgelöst durch seine Bemerkung, daß die Bestimmung des § 32 Bundesverfassungsgerichtsgesetz ein klassisches Beispiel dafür sei, daß sich Recht und Politik nicht trennen ließen. Dieses Argument halte ich für falsch.

Zunächst meine ich, daß er Leibholz nicht ganz richtig zitiert hat. Nach meinem Dafürhalten ist durchaus zwischen Recht und Politik zu trennen, aber Leibholz hat nach meiner Erinnerung die Formel vom Verfassungsrecht als politischem Recht gebraucht, gerade um den weiten Interpretationsraum, den dieses Recht dem Verfassungsrichter läßt, zu charakterisieren.

Herr Zeidler, Sie haben sich eigentlich fortwährend widersprochen, denn Sie haben im weiteren Verlauf Ihrer Intervention immer wieder gesagt, daß das Gericht das *Recht* gesucht habe und nicht die Politik. Wenn Sie das Wort von Herrn Benda zitiert haben, „Recht und Politik sind verschiedene Aggregatzustände ein und derselben Sache", dann kann ich das nur so verstehen, daß die Politiker diese Sache in einen bestimmten Aggregatzustand gegossen haben, eben den des Gesetzes, und daß dieser Aggregatzustand Gesetz gleich Recht von den Richtern angewandt werden muß. Also insofern müssen wir doch zwischen Politik und Recht trennen, und Sie selbst haben nachher immer wieder davon gesprochen, daß Sie „Recht finden" wollen, „Normen interpretieren".

Das Beispiel des § 32 stimmt deshalb nicht, weil es sich hier um eine *Verfahrens*regelung handelt. Wie Sie es verlesen haben, geht es um die Voraussetzungen dafür, ob das Bundesverfassungsgericht im Wege der einstweiligen Anordnung eingreifen darf, eingreifen soll, Voraussetzungen des eigenen Handelns, nicht aber um die verfassungsrechtliche Überprüfung dessen, was andere Staatsorgane getan haben. Das sind zwei fundamental verschiedene Dinge, und es führt uns zurück auf die verfassungspolitische Grundfrage, ob überhaupt und in welchem Ausmaß Verfassungsgerichtsbarkeit in eine Verfassung eingeführt werden soll. *Das* ist *die politische* Kernfrage. Eine Verfassung mit Verfassungsgerichtsbarkeit, erst recht in der Ausdehnung des Grundgesetzes, ist etwas völlig anderes als eine Verfassung ohne Verfassungsgerichtsbarkeit. Im Rahmen Ihrer Argumentation über die angebliche Untrennbarkeit von Recht und Politik hätten Sie genau so gut wie den § 32 jede Bestimmung der Verfassung oder des Bundesverfassungsgerichtsgesetzes anführen können, kraft dessen das Gericht eine Entscheidung fällen, etwa ein Gesetz kassieren kann. Wir müssen hier genau unterscheiden. Das, worüber wir eigentlich zu diskutieren haben, sind die *inhaltlichen* Maßstäbe, die das Bundesverfassungsgericht an das Handeln der politischen Staatsorgane legt: ist der Umgang des Bundesverfassungsgerichts mit den Normen der Verfassung noch juristische Interpretation oder nicht? Darüber könnte man streiten und wird gestritten. Sie, Herr Zeidler, haben sehr viele Beispiele gebracht, daß er das ist und bleiben soll. Sie haben immer wieder davon gesprochen „Das Recht finden", Sie haben das Wort „erkennen" gebraucht, und genau das trifft den Kern der Sache: der Politiker gestaltet, der Richter soll erkennen.

Wenn Sie auf negative Bemerkungen ausländischer Beobachter verwiesen haben, so müssen wir demgegenüber doch auch bedenken, daß wir eine Verfassungsgerichtsbarkeit mit großen Kompetenzen gerade in den Staaten bekommen haben, die unter totalitärer Gewaltherrschaft gelitten haben: Bundesrepublik Deutschland, Österreich, Italien, und das Beispiel macht weltweit Schule. Die Einführung einer umfassenden Verfassungsgerichtsbarkeit beruht auf dem Vertrauen in die Richter, und deshalb kommt es darauf an: was heißt „richten"? Man kann nur denen vertrauen, „das letzte Wort geben", von dem Sie mit Recht gesprochen haben, die sich als Richter fühlen, und richten heißt eben erkennen und nicht gestalten. Nur dann ist es berechtigt den Politikern das letzte Wort zu nehmen. Nun haben Sie das „willentliche Element" erwähnt, das auch in der Rechtsanwendung stecke. Sicher ist der Richter keine Subsumtionsmaschine, aber das Problem der Fortbildung des Rechts, die rechtsschöpferische Tätigkeit des Richters, die Schaffung von Richterrecht, ist ein schwieriges Problem, das alle Sparten der Gerichtsbarkeit betrifft, besonders stark in der Arbeitsgerichtsbarkeit. Das kann hier nicht in extenso erörtert werden; nur so viel möchte ich sagen, daß der Richter bei diesem Geschäft in dem argumentativen Rahmen bleiben muß, daß man noch davon sprechen kann, daß er *als Richter* das „Recht" finden, suchen, erkennen will, nicht aber einen Lebensvorgang wie ein *Politiker* nach Zweckmäßigkeits- oder Interessengesichtspunkten frei gestalten will. Nach meiner Erinnerung hat das Bundesverfassungsgericht sehr wohl von den „Methoden" der Rechts*findung* und von den den Richtern dabei gezogenen verfassungsrechtlichen Grenzen gesprochen, die m. E. auch für den Verfassungsrichter gelten, wenn anders denn das Verfassungsgericht von den politischen Staatsgewalten unterschieden werden kann.

Noch eines möchte ich sagen: die political – question – Doktrin kommt für uns absolut nicht in Frage. Kraft ihrer kann der Supreme Court der USA die Entscheidung einer vor ihn gebrachten Rechtsfrage ohne weitere Begründung verweigern, weil sie ihm hochpolitisch erscheint. Das gibt es unter dem Grundgesetz nicht. Ich kann nur immer wieder warnen, die amerikanische Verfassungsgerichtsbarkeit mit der deutschen und das Bundesverfassungsgericht mit dem Supreme Court zu vergleichen. Wir haben eine junge, perfektionistisch durchgestaltete Verfassung mit umfassenden, präzisen Kompetenzvorschriften. Ist ein Antrag an das Bundesverfassungsgericht danach zulässig, dann *muß* darüber entschieden werden. Die Frage ist nur die nach der justiziablen Norm und danach, welchen Gestaltungsspielraum die Verfassung dem Gesetzgeber einräumt. Ich bin durchaus für judicial-self-restraint, warne aber vor der Übernahme der political-question-doctrine.

Rupp

Ich will mich angesichts der fortgeschrittenen Zeit kurz fassen. Erlauben Sie mir einige skizzenhafte Bemerkungen.

1. Die seit Jahren rauher werdende Kritik am Bundesverfassungsgericht, einige seiner Entscheidungen überschritten die Grenzen *rechtlicher* Kontrolle und maßten sich *politische* Entscheidungsgewalt an, ist – wie die Erfahrung nicht nur in Deutschland zeigt – häufig nur Ausdruck verletzten politischen Selbstbewußtseins und deshalb verfassungsrechtlich nicht sonderlich belangvoll. Bemerkenswerterweise pflegt übrigens dieser Vorwurf vornehmlich aus jener Richtung zu kommen, aus der sonst gerade nach dem politischen Richter, nach dem Richter als Sozialingenieur und nach einer Politisierung der Justiz gerufen wird.

2. Mit dem Vorwurf der politischen Kompetenzanmaßung macht es sich die Kritik am Bundesverfassungsgericht zu leicht: Sie entzieht sich damit gediegener rechtlicher Argumentation und ersetzt sie kurzerhand durch die Rüge der Inkompetenz. Das trägt nicht unwesentlich zu der Ausbreitung der viel beklagten Verwilderung der politischen Sitten bei. Wer die Rechtsprechung des Bundesverfassungsgerichts kritisiert – und sie bedarf um ihrer selbst und der Lebendigkeit der Verfassung willen unverzichtbar der kritischen Auseinandersetzung – sollte sich offen stellen, die juristische Auseinandersetzung suchen und sich nicht hinter gängige Schlagwörter verstecken.

3. Daß das Bundesverfassungsgericht die ihm von Verfassung und Gesetz zugewiesenen Aufgaben und Kompetenzen allerdings extensiv handhabt, ist unbestreitbar. Doch scheinen mir die um eine Diagnose und Therapie dieses Befundes bemühten üblichen Versuche durchweg zu kurz zu greifen und unzulänglich zu sein. So halte ich beispielsweise die neuerdings sich verstärkende Forderung, dem Bundesverfassungsgericht den Zugang zur zeitgenössischen Interpretationsmethodik zu verbieten und ihm zum Zwecke der Entschärfung und Neutralisierung seiner Verfassungs-, insbesondere seiner Grundrechtsrechtsprechung begriffsjuristische bzw. solche Auslegungstechniken vorzuschreiben, die jeweils den geringsten Kontrolleffekt erwarten lassen (vgl. z. B. Schubert/Thedieck, ZRP 1979, 254), für töricht und – angesichts der Weimarer Entwicklung – auch für gefährlich.

4. Die extensive, eigenartig selbstgewisse und an obiter dicta reiche Verfassungskontrolle durch das Bundesverfassungsgericht läßt sich nicht hinreichend damit erklären, daß über ihm der Instanzenhimmel endet und frühere aktive Politiker unter seinen Mitgliedern sind. Sie scheint mir vielmehr letztlich Ausdruck einer im politischen System der Bundesrepublik selbst angelegten eigenartigen Kompensation zu sein, mit welcher die Verfassungswirklichkeit auf institutionelle Schwächen und Mängel der parteienstaatlichen Demokratie antwortet, und die das Bundesverfassungsgericht nolens volens in die Rolle eines Ersatz- und Grundsatzgesetzgebers hat geraten lassen. Das habe ich an anderer Stelle näher auszuführen versucht (ORDO-Festgabe zum 80. Geburtstag F. A. von Hayeks, 1979, S. 95). Ich beschränke mich hier auf einige zugespitzte Stichworte:

Erstens: Die im Zeichen der politischen Re-Ideologisierung und Dogmatisierung zu beobachtende Konfrontation erschwert den politischen Konsens bzw. den konsensfähigen Kompromiß, ja stellt zunehmend den Verfassungskonsens selbst in Frage. Das dadurch entstehende und durch andere Ventile nicht neutralisierbare Konsensdefizit drängt mit unverminderter Heftigkeit auf die dritte Gewalt zu und sucht dort nach Entladung, Ausgleich und Befriedigung.

Zweitens: Die Art der Auslese und die frühe Professionalisierung des politischen Führungspersonals erzeugt vielfach eine Abhängigkeit und Profilierungshektik, in der, verschärft durch den Zeittakt der Wahlperioden, die legislatorische Aufgabe, dem für alle geltenden Recht Linie, Beständigkeit, Verläßlichkeit und Würde zu geben, zugunsten kurzlebiger Stückwerke oft verloren zu gehen droht. Als Folge dieser Art Defizits sieht sich das Bundesverfassungsgericht einem zusätzlichen Erwartungsdruck ausgesetzt; dies umso mehr, als bei der Gesetzgebung manchmal schon die Grundregeln der Gesetzgebungstechnik nicht mehr beherrscht werden, vom Mangel allgemeiner Verständlichkeit ganz zu schweigen.

Drittens: Hand in Hand mit den eben geschilderten Befunden geht nicht selten die Tendenz, fällige, aber als unpopulär empfundene politische Entscheidungen entweder überhaupt nicht oder mit einer Flucht in so nichtssagende Formeln zu erledigen, daß letztlich doch alles offen bleibt und die Entscheidung nur auf Exekutive und Judikative abgeschoben wird. Man pflegt dann zwar auf die Judikative, weicht sie dem Entscheidungsdruck nicht aus, laut zu schimpfen, aber ist im Grunde froh, daß überhaupt jemand die Entscheidung trifft und die Rolle des Prügelknaben übernimmt. Die Gerichte beobachten diese Methode mit wachsender Erbitterung.

Alles in allem: Das Thema ist diffiziler und weit umfassender, als daß es mit der üblichen Richterschelte erfaßt oder gar bewältigt werden könnte.

5. Was an der Rechtsprechung des Bundesverfassungsgerichts und an der Art seiner Rechtsgewinnung wirklich irritiert, scheint mir ihr eigenartiges Schwanken zwischen äußerster Strenge und auffälliger Zurückhaltung, zwischen Milde und Härte nach ungesicherten Maßstäben zu sein, von der verwirrenden Parallelrechtsprechung der Dreierausschüsse

gar nicht zu reden. Im Familien- oder Beamtenrecht beispielsweise läßt das Bundesverfassungsgericht kaum mit sich reden, im Bereich der Wirtschaftsgesetzgebung dagegen nimmt es schon seit langem nur noch eine passive, hinnehmende Rolle ein. Konrad Zweigert, der es wissen muß, hat dies damit erklärt (Das Bundesverfassungsgericht 1951 – 1971, 1971, S. 113 f), daß hinter aktuellen wirtschaftspolitischen Gesetzen in der Regel ein sehr viel massiverer politischer Wille stehe als hinter Normen etwa des bürgerlichen Rechts oder des Steuer- und Sozialrechts, und daß dieser Umstand auch in der Rechtsprechung des Bundesverfassungsgerichts eine Rolle spiele. Über diesen Befund und die Legimität der judikativen Berücksichtigung politischen Durchsetzungswillens mag man denken wie man will. Was mich beunruhigt, ist der Umstand, daß, weil solche politischen Rücksichten weder offen als Urteilsgründe ausgewiesen werden können, noch dafür die political-question-doctrine herhalten kann, eine *juristische* Abstützung erforderlich ist, die dann häufig sehr schwach und flach gerät und die Rechtsprechung des Bundesverfassungsgerichts insgesamt entwertet. Für solche Fälle ist kennzeichnend das häufige Auftreten juristischer Leerformeln, die Verwendung von Pathos statt argumentativer Präzision, das ungewisse Operieren mit offengehaltenen Maßstäben, die Scheu, Farbe zu bekennen.

Als Beleg für diesen Stil könnte ich gerade aus der neueren Rechtsprechung des Bundesverfassungsgerichts zahlreiche Beispiele nennen. Doch die fortgeschrittene Zeit läßt dies nicht zu. Lassen Sie mich daher hier abbrechen.

Bischoff

Die Problematik, die hier ansteht, ist so umfassend, und wenn man alle einzelnen Beiträge nimmt, auch so ausgewogen zur Erörterung gekommen, daß ich Sie langweilen würde, wenn ich nun meinerseits das noch vortragen würde, was ich mir hatte durch den Kopf gehen lassen, bevor wir dies alles gehört haben. Ich kann mich deswegen kurz fassen und mich darauf beschränken, einen bestimmten Aspekt anzusprechen, der in der öffentlichen Diskussion immer wieder eine Rolle spielt und der meines Erachtens noch nicht gründlich genug überlegt worden ist.

Das Thema zählt die drei Begriffe nebeneinander auf: Bundesverfassungsgericht, politische Führung und Gesetzgebung. In Wirklichkeit ist es ein bißchen anders gemeint, nämlich, wie kann man das Bundesverfassungsgericht in seinen Funktionen gegenüber den Kompetenzen der beiden anderen Gewalten abgrenzen, also wie kann man ihm, dem Gericht, das die Kompetenz-Kompetenz hat, Fesseln anlegen, damit es nicht über das, was es eigentlich tun soll, hinausschießt.

Ich frage mich, ob der demokratie-theoretische Ansatz, der hinter diesem Thema steht, richtig ist, der sich teilweise darin ausdrückt, daß man in der Öffentlichkeit sagt, das Gericht sei überfordert und verhalte sich anmaßend gegenüber den anderen politischen Gewalten. Dies gilt für die Verfassungsgerichte der Länder in ähnlicher Weise.

Am Beginn der modernen Demokratie in Europa steht bekanntlich nicht nur die eine französische Revolution, sondern ebenso die amerikanische Revolution. Die Amerikaner selber nennen dieses Ereignis mit Recht so. Genauso wie diese beiden Revolutionen es mit zwei ganz verschiedenen ancien regimes zu tun hatten, haben sie auch recht unterschiedliche Demokratien hervorgebracht. Das demokratische Legitimitätsdenken, das bei uns in der Auseinandersetzung um die Verfassungsgerichtsbarkeit vielfach Platz greift, fußt meines Erachtens auf der französischen Linie, während unsere Verfassung sehr viel stärker der amerikanischen Linie gefolgt ist. Das hat, was die Position der dritten Gewalt im Ganzen und besonders die der Verfassungsgerichte betrifft, erhebliche Bedeutung, denn in dieser amerikanischen Haltung ist das Parlament, ist der Gesetzgeber der demokratischen Legitimation im Grunde nicht näher als die dritte Gewalt. Die Legitimation kommt aus der Verfassung heraus, aus der demokratischen Verfassung, die in dem Referat von Prof. Schäfer mit Recht als weiterer Begriff in das Thema eingebracht worden ist. Das Prinzip dieser Basis ist die Gewaltenteilung. Nachdem diese wichtigste politische Grundentscheidung am Anfang gefallen ist, nachdem diese Verfassung etabliert ist, kommt es für die Legitimation nicht mehr entscheidend darauf an, ob die Bildung der einzelnen Organe durch vierjährige Wahlen erfolgt oder durch zwölfjährige indirekte Wahlen oder, wie wir es im Landesverfassungsgericht haben, durch sechsjährige indirekte Wahlen durch den Landtag. Der Prozeß der Konstituierung ist m.E. nicht das Entscheidende und dürfte nicht dazu führen, daß die öffentliche Kritik die Verfassungsgerichte rügt mit der Begründung, sie seien ja doch demokratisch viel weniger legitimiert als der Gesetzgeber. Man muß frei von solcher Argumentation, aus der Legitimation die sinnvolle Gewaltenteilung und Gewaltenzusammenarbeit auf der Basis unseres Grundgesetzes im Einzelfall und in den Entscheidungsprinzipien finden. Die Verfassungsgerichte basieren völlig auf ihrer eigenständigen Gewalt, auf dem Rechtsstaatsprinzip, auf dem Sozialstaatsprinzip und auf dem Bundesstaatsprinzip. Von daher haben sie ihre demokratische Legitimation. Im übrigen könnte man – das will ich hier nicht tun, weil es etwas vom Thema abführt – bedenken, was heute morgen schon zur Mittelbarkeit der Demokratie in der Form der Parteiendemokratie gesagt worden ist. Denn auch die Parteien stellen ja einen Vermittler zwischen dem Wähler und dem Parlament bei dessen Bildung dar.

Nun soll das, was ich hier als theoretischen Grundgedanken andeute, natürlich auch nach meiner Meinung nicht dazu führen, daß die Verfassungsgerichte unbekümmert den Anspruch erheben, auch ihrerseits politische Führung zu betreiben. Eine Bremse dagegen, die noch nicht genannt worden, aber die ganz wesentlich ist, stellt die Regelung dar, daß die Verfassungsgerichte nur auf Antrag tätig werden. Und bei diesem Antrag spielen in erheblichem Umfang die Anträge eine Rolle, mit denen die Opposition als der schwächere Teil der politischen Führung im Parlament unterlegen ist. Vom Verfassungsgericht her gesehen gehört auch die Opposition zur politischen Führung der Nation. Wer das Verfassungsgericht anruft, der bleibt in die politische Grundsatzentscheidung eingeschaltet.

Zur juristischen Methode der verfassungsgerichtlichen Eingrenzung will ich nichts sagen. Das ist eben genügend ausgebreitet worden, aber zum subjektiven Ansatz der Richter und der Politiker möchte ich noch etwas bemerken:

Zwischen beiden besteht ja doch der wesentliche Unterschied, daß der Richter nicht bei jeder Maßnahme, die er trifft, bei jedem Gedanken, den er denkt, und bei jeder Entscheidung, die er fällt, das zweite Element betrachten muß, das in der Existenz eines jeden Politikers von ganz wesentlicher Bedeutung ist, nämlich das Element der Macht. Ein Politiker kann seine Entscheidungen nur treffen und kann seine Ideen nur durchsetzen, wenn er entweder Macht hat oder wenn er sie gewinnt. Bei jeder politischen Entscheidung spielt dieses Machtelement, Machtgewinnungs- oder Machterhaltungsstreben eine Rolle. Von diesem Element sind die Gerichte frei, sind die Verfassungsgerichte frei durch die Art, wie sie zusammengesetzt sind. Und dies macht sie frei für ein Mitwirken in wesentlichen Entscheidungen der politischen Führung von einer anderen Basis aus, die, wie ich vorhin ausgeführt habe, ihrerseits demokratisch legitimiert ist.

Für die Begrenzung, die das Mitwirken natürlich haben muß, hat Herr Vizepräsident Zeidler ein umfangreiches Instrumentarium entwickelt. Ich würde noch einen einzigen Punkt hinzufügen wollen. Wenn der Entscheidungsprozeß in der Exekutive und Legislative, der zu einem Gesetz geführt hat, verhältnismäßig kursorisch gelaufen ist, was ja gelegentlich vorkommt, dann gibt es noch als weitere Möglichkeit des Verfassungsgerichts die Verletzung des Abwägungsgebots zu rügen und das Gesetz gewissermaßen in das Parlament zurückzugeben, damit es nach eingehender Abwägung unter Beachtung der Erwägungen des Gerichts oder möglicherweise auch unter deren bewußter Mißachtung, weil nämlich inzwischen eine neue Abwägung ein besseres Ergebnis mit sich gebracht hat, erneut verabschiedet werde.

Im Ganzen ergibt sich aus der Rechtsprechung der Verfassungsgerichte m. E. hinsichtlich dessen, was Herr Vizepräsident Zeidler zur Frage Politik und Recht gesagt hat – worin ich ihm folge – ganz deutlich, daß die Verfassungsgerichte durchaus eingeschaltet sind in die eigentliche politische Führung der Gesellschaft. Nicht in das Ausdenken der Ideen und nicht in das Ingangbringen der Willensbildung, aber eben doch im Übernehmen eines Teils des – wie es in dem einen Referat hieß – Entscheidungsdrucks, der auf der politischen Führung im Ganzen ruht.

Die Gerichte haben die Kompetenzkompetenz, das ist völlig richtig. Sie werden begrenzt durch die öffentliche Kritik. Auch das kann ich nur unterstreichen. Kritik ist unbedingt vonnöten. Sie sollte natürlich so qualifiziert wie möglich sein, aber besser unqualifizierte Kritik in größerer Zahl als zu wenig qualifizierte Kritik, denn Kritik kommt bei den Gerichten an und über sie wird nachgedacht.

Dieses System, meine Damen und Herren, das ständig an seine eigenen Grenzen stößt und sich selber daran auch verwundet und diese Wunden zum Heilen bringen muß, dieses System hat insgesamt eine Grenze und wirft die Frage auf, wie lange wir in den westlichen Demokratien, auch in denen, die uns jetzt nacheifern, wie lange wir uns diese differenzierte

Gewaltenteilung leisten können. Dies hängt von der Qualität unserer Arbeit ab, das hochdifferenzierte, hochentwickelte System zu handhaben, mit Erfolg zu handhaben. Daß es seine Grenzen hat, daß es einmal nicht mehr in der Lage sein könnte, die Dinge zu tun, die notwendig sind, die die Gesellschaft unbedingt braucht, diese Gefahr hängt in der Luft. Mit dieser Gefahr müssen wir leben. Und wir müssen mit ihr fertig werden.

Quaritsch

Herr Friesenhahn hat mit Recht darauf hingewiesen, daß die Verfassungsgerichtsbarkeit in der Nachkriegszeit insbesondere in den Staaten eingerichtet worden ist, die durch die Schule der Diktatur gegangen waren. Die Ereignisse seit dem Ersten Weltkrieg in Deutschland und Europa hatten den Parlamentarischen Rat über den „jakobinischen Trugschluß" belehrt, daß nämlich Freiheit und Gerechtigkeit, insbesondere die Grundrechte des Bürgers am besten durch das Parlament geschützt würden. Die Verfassungsschöpfer meinten vielmehr, zum Schutze der Verfassung sei besser geeignet ein selbständiges Verfassungsgericht. Die Entwicklung hat diese Ansicht bestätigt. Es ist nicht der demokratische Gesetzgeber gewesen, es waren die Verwaltungsgerichte, die der Berufsfreiheit im Gewerberecht eine Gasse bahnten, indem sie die Bedürfnisprüfungen beseitigten, und es war das Bundesverfassungsgericht, das die skandalösen Zustände bei Apothekern und Kassenärzten beendete – alles Änderungen, die der Gesetzgeber hätte selbst bewirken müssen. Es wird wohl auch niemand ernsthaft bestreiten wollen, daß z. B. das Parteiengesetz und das Unehelichengesetz und andere „Verfassungsaufträge" sehr viel später oder überhaupt nicht erlassen und ausgeführt worden wären, hätte nicht das Bundesverfassungsgericht die Legislative dazu gezwungen. Es ist eben leicht, sich über allgemeine Prinzipien und gute Wünsche zu einigen, aber sehr schwer, dergleichen normativ zu verwirklichen, denn nicht bei der Formulierung des abstrakten Ideals, sondern bei der gesetzlichen Konkretisierung wird den Interessen und Interessenten weh getan.
Machen Richter also Politik? Das ist allein eine Frage des Sprachgebrauchs. Wenn die Durchsetzung einer Verfassungsvorschrift etwa gegenüber Bundesregierung und Bundestags-Mehrheit „Politik" ist, dann machen Richter in der Tat Politik, aber das wäre dann auch ihr Auftrag (Art. 93 GG). Dagegen steht dieser Einwand: Weil unsere obersten Verfassungsorgane in aller Regel nicht vorsätzlich die Verfassung verletzten, sie vielmehr nur ihrer eigenen (durch die Juristen in Parlament und Regierung abgesegneten) Auslegung der Verfassung folgten, sei es „Politik", wenn die Richter ihre Interpretation an die Stelle der Mehrheitsinterpretation setzten. Richter aber sollten nicht eine verfassungsrechtlich doch sicher noch vertretbare Rechtsansicht (wäre sie das nicht, hätte die Mehrheit sie nicht vertreten) durch ihre Meinung ersetzen, sie sollten in diesen Fällen „judicial self-restraint" üben, zumal es in dem Bereich „vertretbarer" Auslegungen methodisch sichere Unterscheidungen zwischen Richtig und Falsch

nicht gäbe. Dieser Gedankengang besticht, aber er ist unsinnig. In allen Verfahren vor dem Bundesverfassungsgericht, an dem die obersten Organe beteiligt waren, sind von den Parteien sinnvolle und verfassungsrechtlich irgendwie vertretbare Ansichten vorgetragen worden – die Adenauer-Fernseh-GmbH oder die Wehrdienstnovelle fanden darüber hinaus die gutachtliche Unterstützung prominenter Verfassungsjuristen. Welche von den vorgetragenen „vertretbaren" Ansichten soll nun obsiegen? Die der jeweiligen Regierung und ihrer Mehrheit im Parlament? Dann könnte sich die jeweilige Opposition oder irgendeine Minderheit den Weg nach Karlsruhe von vornherein sparen. Wollte man hingegen, um diesem absurden Ergebnis auszuweichen, unterscheiden zwischen weniger oder mehr „vertretbaren" Rechtsansichten, dann müßte das Bundesverfassungsgericht entscheiden, welche Ansicht „vertretbarer" ist. Es täte dann aber nichts anderes, als was es seit 1951 schon immer getan hat, nämlich über die richtige Auslegung der Verfassung ohne Bindung an Parteimeinungen selbst zu entscheiden. Etwa anderes kann und darf man schließlich angesichts des Art. 93 GG nicht von Juristen erwarten, die nach Berufstüchtigkeit und Erfahrung im öffentlichen Leben speziell ausgewählt und dementsprechend hoch bezahlt werden.

Aber sollte das Verfassungsgericht vielleicht auf eine eigene Entscheidung verzichten, wenn juristische Maßstäbe fehlen? Ernst Forsthoff hat in diesem Sinne die Entscheidung des Bundesverfassungsgerichts vom 3. 12. 1968 kritisiert, mit dem der Mindestprozentsatz der für eine Wahlkampf-Kostenerstattung notwendigen Stimmenzahl von 2,5 auf 0,5 v. H. herabgesetzt wurde (E 24, 300 ff.). Weil der eine Mindestsatz juristisch genauso willkürlich sei wie der andere, die Festsetzung vielmehr Sache der Erfahrung und der politischen Überlegung sei, habe sich das Gericht an die Stelle des Gesetzgebers gesetzt (Der Staat der Industriegesellschaft, 1971, S. 136 f.). Der Richter ist sehr häufig zum Wählen gezwungen, der Strafrichter muß sich entscheiden, ob der Dieb mit sechs oder neun oder vielleicht nur vier Monaten Gefängnis bestraft werden soll – Strafzumessung ist ebenfalls eine „Sache der Erfahrung und der (kriminal-)politischen Erwägung" und weiterer Erwägungen mehr. Auf der anderen Seite liegt doch auf der Hand, daß der Mindestsatz von 2,5 % den politischen Außenseiter sehr viel stärker zu ruinieren droht als die 0,5%-Klausel. Unter den Gesichtspunkten der Erleichterung des Wahlkampfes für neue politische Gruppierungen und des Verfassungsgrundsatzes der Chancengleichheit der Parteien ist es daher keineswegs juristisch „willkürlich", sich für 0,5% zu entscheiden. Der Fall zeigt übrigens, wie problematisch die Abgrenzungsformel von Herrn Schäfer ist (worauf der Autor allerdings selbst hinwies). Denn die Aufgabe des Gesetzgebers, „Interessenkonflikte bewertend und gestaltend zu regeln", ist auch Aufgabe jedes Richters, wenn das Gesetz diesen Konflikt nicht schon entschieden hat (Interessenjurisprudenz!), und im lückenhaften, grobmaschigen Verfassungstext müssen im Wege der „Abwägung" der geschützten Positionen ständig Interessen bewertet und Konflikte gestaltet und entschieden werden. Das gilt erst recht im Parteien- und Wahlrecht; die verschiedenen Interessen

64

der etablierten Parteien, der Steuerzahler und der politischen Außenseiter brauche ich hier nicht näher zu erläutern.

Gesetzgeber und Bundesverfassungsgericht unterscheiden sich in einem anderen Punkt. Der parlamentarische Gesetzgeber darf – im Rahmen der Verfassung! – die Stärke oder die Wichtigkeit derjenigen Gruppe berücksichtigen, die das streitige Interesse vertritt, das Parlament kann also eine Angelegenheit „politisch" entscheiden. Das bedeutet in der Praxis: Macht- und Einflußkonstellationen drängen die aus der Sache abgeleiteten Erwägungen zurück. Dem Bundesverfassungsgericht sind solche parlamentarisch legitimen Erwägungen schlechthin versagt, es muß „ohne Ansehen der Person" entscheiden. Ich komme auf diesen Punkt in einem anderen Zusammenhang zurück.

Herr Roellecke hat die Tätigkeit des Bundesverfassungsgerichts systemtheoretisch erklärt. Eine systemtheoretische Erläuterung ist indes keine verfassungsrechtliche Begründung. In der Öffentlichkeit wird aber häufig gefragt, wieso eigentlich fünf Richter des Bundesverfassungsgerichts ein Gesetz, das vielleicht einstimmig von der Volksvertretung beschlossen worden ist, als verfassungswidrig kassieren können. Hinter dieser Frage steht die Vorstellung, das Parlament, das nach vier Jahren stets neu gewählt wird, müsse deshalb „demokratischer" sein, also höheren Rang besitzen als andere Staatsorgane, die diesen periodisch wiederkehrenden Wahlgang nicht durchstehen müssen. Die allgemeine Verfassungsrechtslehre – in diesem Punkt amerikanischer Provenienz, wie Herr Bischoff zu Recht betont hat – verneint solche Abstufungen der demokratischen Qualität. Die Parlamentswahlen verschaffen den Abgeordneten keine höhere Legitimität, sie sollen die Zusammensetzung des Parlaments als Gesetzgeber und Kreationsorgan für die Regierung periodisch der Entscheidung des Wählers unterwerfen, um den Regierungswechsel zu ermöglichen und dieses nur an die Verfassung gebundene Organ unter Kontrolle zu halten (was bei Exekutive und Judikative wegen der Bindung auch an „Gesetz und Recht" überflüssig ist). Parlament und Bundesverfassungsgericht sind „eingesetzte" Instanzen, pouvoirs constitués, mit je verschiedenen Aufgaben. Der Verfassungsgeber – nach der Präambel des Grundgesetzes „das deutsche Volk" – hat das Bundesverfassungsgericht u. a. damit beauftragt, die Respektierung der Verfassungsschranken zu kontrollieren. Der Verfassungsgeber selbst kann das nicht, aber der parlamentarischen Selbstkontrolle vertraute er nicht nach der Devise: Vertrauen ist gut, Kontrolle ist besser. Es hat daher einen tiefen Sinn, daß (auch) die Entscheidungen des Bundesverfassungsgerichts „im Namen des Volkes" ergehen. Die Institutionalisierung der Verfassungsgerichtsbarkeit, oder: die Kontrolle der 500 Volksvertreter durch acht Richter kann funktionieren, weil jeder einzelne Richter durch das Parlament berufen worden ist und weil (und solange) die Richter ihr Amt als Juristen ausüben, nämlich ohne Ansehen der Person und allein ihrem Verfassungsauftrag und dem Verfassungsgeber verpflichtet. Solche Erwartungen können die Richter erfüllen, weil das Gesetz sie, soweit überhaupt möglich, von allen Abhängigkeiten befreit hat, die eine Entscheidung unsachlich beeinflussen könnten. Die Richter haben diese Erwartungen auch erfüllt, wie die Rechtsprechung seit 1951 deutlich genug erweist. Das gilt einmal ziemlich unstreitig für die Unparteilichkeit. Das gilt aber auch für die Entscheidungsrichtigkeit. Über die juristische „Richtigkeit" eines Urteils läßt sich gewiß lange streiten. Ein wichtiges Kriterium für die Richtigkeit sub specie „Verfassung" ist, wie die Entscheidung durch Beteiligte und Betroffene hingenommen und verarbeitet worden ist. In fast allen Fällen der Kassation von Gesetzen hat sich die Praxis ohne Schwierigkeiten umgestellt, Staat und Gesellschaft haben also, das Bild sei erlaubt, das Judiz sozial resorbiert. Die Erfolge der Rechtsprechung des Bundesverfassungsgerichts beruhen insbesondere auf seiner besseren Prognostik der Gesetzesfolgen. Herr Zeidler hat auf die einschlägige Untersuchung von Fritz Ossenbühl bereits hingewiesen. Prima vista sollte die bessere Prognostik eigentlich liegen bei Ministerien, Fraktionen und Parlamentsausschüssen mit ihren vielfältigen Kontakten zu den sozialen Wirklichkeiten. Von den Kapazitäten her stimmt das auch, aber Minister und Abgeordnete müssen angesichts des nächsten Wahltermins auch auf die Reaktionen ihrer Wähler achten; bei der gegenwärtigen Verteilung der Wähler auf fast gleich starke Blöcke können Randgruppen über Sieg oder Niederlage entscheiden. Solche Aussichten können nolens volens die Qualität der Prognose beeinträchtigen und auf die Verfassungsmäßigkeit des Gesetzes durchschlagen. Die Richter des Bundesverfassungsgerichts hingegen können dem nächsten Wahltermin gelassen entgegensehen, auch die stärkste Interessen- oder Wählergruppe vermag nichts gegen sie auszurichten. Das heißt: das Bundesverfassungsgericht steht in einer ganz anderen, im Grunde leichteren Entscheidungssituation als Parlament und Regierung. Seine größere prognostische Treffsicherheit ist deshalb eigentlich keine Überraschung.

Frei von den spezifischen Entscheidungszwängen, denen Minister und Parlamentarier unterliegen können, vermag das Bundesverfassungsgericht auch jenen Minderheiten Rechtsschutz zu gewähren, die so klein sind, daß sie nicht einmal unter den heutigen Wahlbedingungen unter dem Gesichtspunkt des Stimmengewinns berücksichtigt werden müssen. Ein politisch harmloses Beispiel bietet die Neufassung des Urheberrechts im Jahre 1965. Entgegen dem Regierungsentwurf bestimmte das Parlament: zeitgenössische Kirchenmusik darf bei Gottesdiensten und anderen kirchlichen Feiern vergütungsfrei aufgeführt werden (§ 52 I Nr. 2 Urheber G). Begründet wurde diese Sonderregelung mit dem Wunsch der Kirchen und der Vergütungsfreiheit des öffentlichen Singens von Jugendgruppen unter Dorflinden. Der Widerspruch des Abgeordneten Nellen gereicht dem Parlament zur Ehre, bei der Abstimmung über seinen Streichungsantrag siegte jedoch die allgemeine Erwägung des Berichterstatters: „Wir halten dies aber angesichts der allgemeinen Auffassungen im Lande in diesem Hause nicht für durchsetzbar . . ." (Stenographische Berichte Bd. 59, S. 9416–9419). Was die Parlamentsmehrheit glaubte nicht durchsetzen zu können, machte dem Bundesverfassungsgericht keine große Mühe: am 25. Oktober 1978 erklärte es die Kirchenmusikklausel für nichtig. Das Gericht hat hier eine demokratisch gewichtslose Gruppe – es wird nicht viele lebende Komponisten von Kirchenmusik geben – davor bewahrt, unter die Räder der sog. gesellschaftlich relevanten Kräfte zu geraten. Die

Rechte gesellschaftlich irrelevanter Kräfte kann das Bundesverfassungsgericht nicht deshalb besser schützen, weil seine Juristen besser sind als die des Bundestags oder der federführenden Ministerien; es ist zu diesem Minderheitenschutz deshalb imstande, weil es nicht den Konsequenzen ausgesetzt ist, an die Regierung und Parlament glauben (oder glauben müssen), wenn unpopuläre Entscheidungen anstehen. Ich habe zu gern und zu lange dem Bundestage gedient, um nicht über dem Verdacht der Parlamentsverdrossenheit zu stehen. Es ist aber einfach nicht zu verkennen, daß ein Parlament gelegentlich verfasssungsrechtliche Bedenken aus Gründen der politischen Opportunität beiseite schiebt oder minder gewichtet. Das Belegschaftshandelsgesetz vor den Wahlen 1961 ist ein solcher Fall gewesen. In diesen wie in anderen Fällen konnte der unbefangene Beobachter auch den Eindruck gewinnen, das Parlament verlasse sich auf das Bundesverfassungsgericht, das etwaige Verfassungsdefekte schon wieder reparieren werde (beim Belegschaftshandelsgesetz reparierte schon Bundespräsident Lübke, indem er die Ausfertigung verweigerte).

Das Bundesverfassungsgericht hat nicht nur für eine verfassungsmäßige Gesetzgebung gesorgt. Es hat wesentlich zur Entstehung des Denkens in verfassungsstaatlichen Kategorien beigetragen. In anderen Ländern, z. B. in der Schweiz oder in den Vereinigten Staaten, gehört das Verfassungsbewußtsein zur politischen Kultur der Bürger. Dergleichen wächst nur in langer Überlieferung. Den Deutschen fehlt diese Tradition, in den Verfassungsstaat müssen wir hineinwachsen. Die Rechtsprechung des Bundesverfassungsgerichts wird diesen Prozeß der Internalisierung beschleunigen. Sie vermittelt das Bewußtsein der Begrenztheit staatlicher Macht und die Erkenntnis, daß ein gutes rechtliches Argument mehr Gewicht haben kann als eine Großkundgebung. Für Juristen sind das Banalitäten. In breiten Volksschichten ist jedoch das Verfassungsbewußtsein wie das Rechtsdenken überhaupt noch bemerkenswert unterentwickelt. Die prominenten Streitpartner, das politische Gewicht und häufig auch die praktischen Konsequenzen der Prozesse vor dem Bundesverfassungsgericht sorgen für ein Echo, das auch dort gehört wird, wo der Rechtswissenschaft als Arkanum der Mächtigen seit Jahrhunderten eher Furcht und Mißtrauen entgegengebracht wird.

Manche Entscheidungen des Bundesverfassungsgerichts könnte man sich schlüssiger oder auch methodenreiner begründet vorstellen, manche Entscheidungen mögen den Spielraum des Gesetzgebers ohne juristisch zwingenden Anlaß eingeschränkt haben. Es erscheint mir jedoch zweifelhaft, ob die im Einzelfall berechtigte Kritik den generellen Ruf nach richterlicher Selbstbeschränkung rechtfertigt. Denn „Judicial self-restraint" begünstigt den status quo wie den fait accompli, benachteiligt die jeweilige Opposition wie die Randgruppe, deren Stimme im pluralistischen Konzert untergeht. Dieser Preis wäre wohl etwas zu hoch.

Stern

Ich darf aber jetzt jemand von der Exekutive bitten, Herrn Ministerialdirigenten Kruis.

Die Diskussion war jetzt schon so umfassend, daß für mich, noch dazu als der banalen Ebene der Exekutive zugehörig, für einen Beitrag nur wenige ökologische Nischen überbleiben. Auch muß ich Sie enttäuschen, wenn Sie von mir etwa Äußerungen in der Richtung erwarten, daß sich die Exekutive durch die Tätigkeit der bösen Verfassungsgerichte in der Verfolgung lebenswichtiger Staatsziele und der Staatsräson, sowie sie es versteht, behindert sähe. Dadurch daß ich mehr als zehn Jahre Gesetzgebungsreferent war, bin ich der Art von Verwaltungsbeamten eigentlich entfremdet. In der Zeit habe ich mir manchmal gewünscht, daß ein Verfassungsgericht – sei es der Bayerische Verfassungsgerichtshof oder das Bundesverfassungsgericht – die eine oder andere Regelung beanstanden möchte, weil sie mir eben ein wenig zu salopp abgefaßt und unter Gesichtspunkten etwa des Übermaßverbotes oder hinreichender sachlicher Differenzierung eben gar nicht ideal erschien. Man hätte sich manchmal so einen Denkzettel für das Ministerium gewünscht, das den Gesetzentwurf vorgelegt hatte, um hier zu einer klareren, sauberen und entwickelteren Gesetzgebung zu kommen.

Damit bin ich schon beim ersten Punkt.

Es klingt etwas pathetisch, wenn wir hier sagen, das Bundesverfassungsgericht oder die Verfassungsrichter behinderten die geheiligten Emanationen der Staatsleitung, des Bundestags oder des Landesparlaments, der Bundesregierung oder einer Landesregierung. Die Gesetze werden in ihrer überwiegenden Zahl von den Ministerien entworfen und hier geht es eben zu unter Zeitdruck, manchmal ein wenig unkoordiniert. Die Fachmeinung herrscht vor. Was dann im weiteren Verlauf geschieht, das geschieht auch unter Zeitdruck und die Gesetze, die ausgewogen sind, sind heute wahrscheinlich in der Minderzahl. Wir brauchen uns nicht zu wundern, wenn gerade hier an den unausgewogenen Bestimmungen Verfassungsstreitigkeiten sich entzünden und wir können nur froh sein, wenn hier das eine oder andere korrigiert wird.

Ein zweites: Die geheiligte Materie der Gesetzgebung besteht häufig in Kompromissen, die zwischen den politischen Kräften, zwischen den Parteien, zwischen den Fraktionen getroffen werden. Das sind oft sehr harte Auseinandersetzungen und sehr harte Kompromißverhandlungen und das Optimale bleibt meistens nur ein Ziel, es kommt nicht zustande. Auch hier müssen wir, glaube ich, einräumen, daß natürlich da ein Feld für verfassungsrechtliche Angriffe besteht. Was dann eigentlich überbleibt und was hier der Kern der heutigen Diskussion ist, sind eigentlich dann nur eben ganz wenige Gesetze, nämlich jene, die von der derzeit herrschenden politischen Mehrheit des Bundestags oder des Parlaments, wenn man es ganz allgemein betrachtet, gegen die Meinung der Minderheit durchgesetzt werden, etwa deshalb, weil die Reformer aus tagespolitisch durchaus verständlichen Gründen nicht bereit sind, Zugeständnisse an die Vertreter der anderen Meinung oder Abstriche zu machen. Daß eine maßvolle Lösung unter Umständen nicht erreicht wird, ist im Sinne der Identifikation der Bürger mit unserer Demokratie zu bedauern, weil dann vielleicht eben doch das Ergebnis die wesentlichen, weltanschaulichen und moralischen Erwartungen einer größeren Zahl unserer Bürger enttäuscht. Es ist dann nicht verwunderlich, wenn der politische Kampf mit verfassungsrechtlichen Mitteln weitergeführt wird. Und hier kommt die Frage an das Bundesverfassungsgericht, das durch die Explikation verfassungsrechtlicher Grundentscheidungen die rechtliche Basis für die Entscheidung der konkreten Frage schaffen muß. Die rechtliche Basis wird nach unterschiedlichen, jeweils für berechtigt gehaltenen Grundanschauungen umstritten bleiben. Ich bin der Meinung, wir sollten dies nicht überbewerten, wir könnten bereitwillig aus dem Spruch des Verfassungsgerichts den Hinweis entnehmen, daß hier ein Konsens auf breiterer Basis gesucht werden sollte und die Suche nach einem solchen Konsens ist ausgesprochen staatserhaltend. Das Bundesverfassungsgericht hat da eben die Funktion eines Maßstabs und Wertmessers für das, was die parlamentarische Demokratie mit einfachen Mehrheiten zu leisten imstande ist. Es liegt wohl in der Mittelbarkeit der Demokratie, daß sie darauf bedacht sein muß, eben grundlegende Fragen auf eine möglichst breite Basis zu stellen, grundlegende Fragen nicht mit hauchdünnen Mehrheiten zu lösen. Insofern glaube ich, ist es auch ganz gut, wenn das Bundesverfassungsgericht in diesem oder jenem Verfahren das politische Feld mit Pflöcken verbindlicher Aussagen markiert. Das mag der Publizistik oft ein Dorn im Auge sein, ich bin aber der Meinung, daß das Bundesverfassungsgericht gut beraten ist, der allzu freien Auslegung des Grundgesetzes einen Riegel vorzuschieben und es nicht zuzulassen, daß es allzusehr relativiert und allen tagespolitischen Forderungen geöffnet wird. Ich glaube, dies ist das Verfassungsgericht als ein System der Außenstabilisierung, wenn ich das so aufnehmen darf, was Herr Professor Roellecke heute gesagt hat, auch seiner Rolle schuldig. Die Bürger haben in ihrer großen Mehrheit in den Staat nur dann Vertrauen, wenn die geschriebene Verfassungsordnung, übrigens geschrieben in der Stunde Null und deshalb auch weithin ausgewogen, auch so gilt, wie sie geschrieben und gemeint ist. Wo dann der Wandel der gesellschaftlichen Bedürfnisse eben eine Änderung dieser Grundordnung gebietet, öffnet sich auch die Möglichkeit der förmlichen Verfassungsrevision.

Ich möchte allerdings diese Bemerkungen noch ergänzen durch etwas, was vielleicht als Lappalie erscheint. Durch manche obiter dicta verunsichert das Bundesverfassungsgericht die Gesetzgebung unnötig. Ich denke zum Beispiel an das sog. Hessen-Urteil (vom 26. Juli 1972). Es ging damals um ein hessisches Besoldungsgesetz, das erlassen wurde kurz nach der Grundgesetzergänzung (Art. 74a) und dem Inkrafttreten des parallel dazu ergangenen Ersten Gesetzes zur Vereinheitlichung und Neuregelung des Besoldungsrechts in Bund und Ländern. Das Bundesverfassungsgericht befaßte sich mit der an sich nicht entscheidungserheblichen Frage, in welchem Zeitpunkt der Bundesgesetzgeber von seinem Gesetzgebungsrecht Gebrauch macht und damit die Landesgesetzgebung ausschließt. Die Ausführungen waren, wie gesagt, nicht entscheidungserheblich und sie waren auch nur ganz allgemein. Würde man sie ernst nehmen, wären Landesgesetzgeber, Landesparlamente in dem Bereich der Gegenstände konkurrierender Gesetzgebung auch dann schon von notwendigen Regelungen ausgeschlossen, wenn eine Gruppe von Abgeordneten einen ganz aussichtslosen Gesetzentwurf eingebracht hat, der Bundestag in absehbarer Zeit aber nicht legiferieren wird. In demselben Urteil wurde ausgesprochen, von einer Ermächtigung könne erst Gebrauch gemacht werden, wenn sie vorhanden sei. Gemeint war damals: „Die Grundgesetzänderung, die dem Bund die Kompetenz verschafft, muß dem darauf basierenden Gesetz vorausgehen. Das Bundesverfassungsgericht hat das Erste Gesetz zur Vereinheitlichung und Neuregelung des Besoldungsrechts ausnahmsweise passieren lassen, hat aber ausgesprochen, es ginge eigentlich nicht an, daß der Bundespräsident im selben Zeitpunkt die Verfassungsänderung und das ausführende Gesetz ausfertige. Das alles leuchtet ein. Die vorsichtige Ministerialbürokratie glaubte aber, aus der ganz allgemein gehaltenen Formulierung auch für das Verhältnis zwischen Gesetz und Verordnung umständliche und für die Rechtsstaatlichkeit völlig unergiebige Konsequenzen ableiten zu müssen. Dies, obwohl ein rechtslogisches Abhängigkeitsverhältnis nicht notwendig auch ein zeitliches Nacheinander bedeutet. Aber ich will das jetzt nicht vertiefen, ich wollte das nur einmal als Beispiel anführen. Ich danke Ihnen.

Zippelius

Ich möchte trotz der gewichtigen Überlegungen von Herrn Roellecke doch davon ausgehen, daß den wesentlichen Ausgangspunkt der heutigen Problematik das Prinzip der Gewaltenteilung bildet. Diese dient nicht nur der formalisierten Gewaltenkontrolle, sondern auch der organadäquaten Funktionenverteilung.

Mit diesem Begriff der organadäquaten Funktionenverteilung nähere ich mich aber einem wesentlichen Erwägungsmuster von Herrn Roellecke. Ich möchte damit den folgenden Gedanken bezeichnen: Struktur und Verfahren der verschiedenen Staatsorgane sind auf spezifische Aufgaben zugeschnitten. Daher sollten sich diese Organe auch schon im Interesse zweckdienlicher und sachgemäßer Erledigung grundsätzlich auf die Funktionen beschränken, für die sie eingerichtet wurden. Für die Ausübung rechtspolitischen Regelungsermessens ist nun das Parlament wohl doch geeigneter als ein Gericht: Es hat, zumal im Zusammenwirken mit der Ministerialbürokratie, für legislatorische Entscheidungen gewöhnlich – Ausnahmen natürlich vorbehalten, Herr Rupp – eine breitere und bessere Informationsgrundlage zur Verfügung als selbst das Bundesverfassungsgericht. Vor allem ist es für rechtspolitische Orientierungsprozesse demokratisch besser legitimiert als ein Gericht. Nur das Parlament trifft seine Ziel- und Zweckmäßigkeitsentscheidungen in der gebotenen Auseinandersetzung mit der Öffentlichkeit und insbesondere mit der öffentlichen Meinung, d.h. unter Rückkoppelung an demokratische Kontrollen, deren es für politische Orientierungsprozesse bedarf, nicht zuletzt auch für die Wahl und Abgrenzung rechtspolitisch-legislatorischer Ziele. Auf diesen Punkt hat das Referat von Herrn Schäfer nachdrücklich hingewiesen.

70

Dies sind die Prämissen, von denen aus zu erwägen ist, wann der Eingriff eines Gerichts in legislatorische Entscheidungen durch ein überwiegendes Interesse gerechtfertigt sei. Eine solche Rechtfertigung besteht unstreitig dann, wenn die gesetzgeberische Regelung eindeutig gegen eine Verfassungsnorm verstößt. Das eigentliche Problemfeld sind die Zweifelsfälle: Die Verfassung ist kein exakter Maßstab. Sie enthält auslegungsfähige und auslegungsbedürftige Normen. Wo der Verfassungsauslegung ein Spielraum verbleibt, gibt es eine Mehrzahl vertretbarer Auslegungs- und Konkretisierungsalternativen, d.h. es gibt dann mehrere Verfassungsinterpretationen, von denen die eine ebenso gut begründbar ist, wie die andere. Als vertretbar bezeichne ich im folgenden eine Verfassungsinterpretation, von der sich nicht erweisen läßt, daß sie unrichtig ist.

Angesichts der Unschärfezone der Verfassungsauslegung, d.h. eines Bereiches vertretbarer Verfassungsauslegungen, hat das Gericht zwei Möglichkeiten. Es kann entweder diese Unschärfezone als Spielraum gesetzgeberischen Ermessens respektieren, d.h. judicial self-restraint üben. Oder es kann selbst eine der möglichen Auslegungen wählen, sie an die Stelle der gleichfalls vertretbaren Verfassungsauslegung der Legislative setzen und, darauf gestützt, ein Gesetz für verfassungswidrig erklären.

Die Haltung des Bundesverfassungsgerichts in dieser Situation ist nicht immer einheitlich. Teils ließ es dem Gesetzgeber den Vortritt beim Zugriff auf eine der vertretbaren Verfassungsinterpretationen, teils beanspruchte es diesen Vortritt für sich selbst. Den ersten, zurückhaltenden Standpunkt nahm das Gericht kontinuierlich ein, wenn es darum ging, die Vereinbarkeit eines Gesetzes mit dem Gleichheitsgrundsatz zu prüfen. Hier betonte das Gericht immer wieder, daß der Gleichheitsgrundsatz dem Gesetzgeber einen Auslegungsspielraum lasse und daß die vom Gesetzgeber getroffene Wahl unter mehreren vertretbaren Verfassungskonkretisierungen zu respektieren sei (z.B. BVerfGE 3, 135 f.; 38, 17, 166). In einer anderen Entscheidung sprach es aus, „daß bei der Auslegung von Verfassungsbestimmungen ... deren schrankensetzender, also Spielraum für die politische Gestaltung lassender Charakter nicht außer Betracht bleiben" dürfe, und bekannte sich zu einem „judicial self-restraint"; dieser bedeute „den Verzicht ‚Politik zu treiben', d.h. in den von der Verfassung geschaffenen und begrenzten Raum freier politischer Gestaltung einzugreifen". Im gleichen Urteil beanspruchte das Gericht aber die Entscheidung über die verbindliche Verfassungsauslegung für sich selbst, wenn es sagte: „Maßstab im Normenkontrollverfahren ist das Grundgesetz. Es verbindlich auszulegen ist Sache des Bundesverfassungsgerichts" (BVerfGE 36, 13 f.). Mir scheinen diese Ausführungen widersprüchlich zu sein: Wie könnte das Gericht zwischen mehreren vertretbaren Verfassungsinterpretationen die verbindliche Wahl treffen, hierbei die gleichfalls vertretbare Auslegung des Gesetzgebers verwerfen, ohne Rechtspolitik zu treiben?

Wahl zwischen mehreren vertretbaren Auslegungsalternativen heißt nach der vorhin gegebenen Begriffsbestimmung Wahl zwischen Alternativen, von denen keine erweislich unrichtig ist. Der Spielraum, zwischen solchen Alternativen zu wählen, ist auch ein Spielraum für rechtspolitische Orientierungsprozesse. Entscheidet man sich dafür, daß diese funktionsgerechter bei einem Parlament als bei einem Gericht aufgehoben sind, dann sollte das Gericht diesen Spielraum respektieren. Der Eingriff eines Gerichts in diesen Spielraum ist nicht aus Gründen des Rechts legitimiert. Ist eine gesetzliche Regelung mit einer vertretbaren Auslegung der Verfassung vereinbar, d.h. mit einer Auslegung, die nicht durch allgemein überzeugende Gründe widerlegbar ist, so ist dem Recht nicht gedient, wenn das Gericht die Entscheidung des Gesetzgebers unter Zugrundelegung einer anderen Verfassungsinterpretation umstößt, für die keine nachprüfbar besseren Gründe sprechen. Diese Lösung entspricht dem, was Herr Roellecke als „juristische Interpretation" bezeichnet hat. Sie impliziert eine Ablehnung naturrechtlicher Positionen, wonach es Institutionen geben könnte, die kraft der mit ihrem Amt verbundenen Erleuchtung eine vorgegebene rechtliche Wahrheit schärfer sehen als alle anderen. Die von mir hier vertretene Ansicht möchte stattdessen auf die breitestmögliche Konsensbasis und Bürgerautonomie zurückgreifen. Gerade das führt zu dem vorhin dargestellten Ergebnis, wonach in unsicheren Fragen solche Instanzen entscheiden sollten, für welche die Rückkoppelung an diese Konsensbasis am verläßlichsten institutionalisiert ist, und das sind eben die gesetzgebenden Einrichtungen.

Entscheidet man sich aus den angegebenen Gründen dafür, daß in Zweifelsfällen die vertretbare Verfassungsinterpretation des Gesetzgebers respektiert werden sollte, dann taucht aber eine neue Unsicherheit auf; denn jetzt stellt sich die Frage: Welches ist der genaue Begriff einer nicht mehr „vertretbaren" Verfassungsauslegung, d.h., welches sind die präzisen Kriterien dafür, daß eine Auslegung erweislich unrichtig ist. Solche präzisen Kriterien gibt es nicht; denn Hermeneutik ist keine exakte Methode, sondern eine Argumentationstechnik, die es immer wieder als fraglich erscheinen läßt, wann der „Beweis" für die Unrichtigkeit einer bestimmten Auslegung als geführt gelten darf. Dies gilt umso mehr dann, wenn eine Auslegung Wertungen einschließt, wie das bei Verfassungsinterpretationen häufig der Fall ist.

Auch wer den ersten Schritt mitvollzieht, also davon ausgeht, daß das Gericht grundsätzlich die vertretbaren Verfassungsauslegungen des Gesetzgebers respektieren sollte, steht jetzt also doch wieder vor einer Unsicherheit. Allerdings ist der verbleibende Entscheidungsspielraum nun beträchtlich reduziert: Das Gericht hat prozessual das letzte Wort darüber, wo die Grenzen des noch „Vertretbaren" liegen, nämlich die Grenzen, außerhalb deren es eine Verfassungsauslegung für erweislich unrichtig hält. Es kann diese Grenzen enger oder weiter ziehen und damit seine eigenen Wertungen bald mehr, bald weniger mit zur Geltung bringen.

Angesichts der dargestellten Spielräume stellt sich für das Gericht die Frage, welche „Entscheidungspolitik" es treiben, d.h. wie stark es den „judicial self-restraint" praktizieren soll. Dazu hätte es, abgesehen von den dargelegten Legitimationsfragen, pragmatisch auch noch folgendes zu bedenken (ähnl. schon NJW 1978, S. 915):

Die unangreifbare Autorität des Verfassungsgerichts in Konfrontation mit dem Gesetzgeber beruht vor allem darauf, daß man über seine Entscheidungen „verständigerweise gar nicht streiten kann". Und so liegt es ja doch auch in dem von Herrn Quaritsch zitierten Fall der „Komponisten zeitgenössischer Kirchenmusik" – wer würde hier über die Entscheidung ernsthaft streiten wollen? Wenn aber das Gericht in Auslegungsfragen, die ernstlich zweifelhaft sind, die vertretbare Auslegung des Gesetzgebers verwirft und seine eigene, auch nicht gewissere Auslegung zum verbindlichen Maßstab erhebt, dann verläßt es seine unangreifbare Position. Es mag auf diese Weise vorübergehend eine, vielleicht sogar als heilsam empfundene, sozialethische Lenkungsaufgabe erfüllen. Gerichte haben, wie andere Repräsentativorgane, auch eine sozialethische „Pfadfinderfunktion". Aber wenn das Bundesverfassungsgericht bei deren Ausübung in einen Gegensatz zum Gesetzgeber tritt, kann es schwerlich vermeiden, in den politischen Tageskampf hereingezogen, auf seine vorrangige demokratische Legitimation und sozialethische Urteilskraft befragt und insgesamt stärker politisiert zu werden. Solche „Politisierung" muß sich fast zwangsläufig auch auf die Praxis der personellen Besetzung des Gerichts auswirken. Diese kann ihrerseits wieder die Richter geneigt machen, je nach ihrer politischen Herkunft und Obligiertheit, die Entscheidungen der Parlamentsmehrheit zu bestätigen oder zu durchkreuzen. So gerät man auf diesem Wege in einen Zirkel, den man vermeiden sollte.

Stern

Meine Damen und Herren, die vorangekündigten Diskussionsmeldungen sind damit abgewickelt. Ich möchte fragen, ist noch eine Wortmeldung, die nicht angemeldet ist? Herr Kollege Friesenhahn.

Friesenhahn

Nach dem Höhenflug der letzten Diskussionsbeiträge möchte ich noch einmal ein paar praktische Fragen des Verfahrens anschneiden, weil Verfahrensfragen auch gerade bei der Thematik, die uns hier beschäftigt, von großer Bedeutung sind. Wichtig ist zunächst, worauf Herr Präsident Bischoff bereits hingewiesen hat, daß das Verfassungsgericht nur auf *Antrag* tätig wird, tätig werden darf. In diesem Zusammenhang möchte ich anmerken, daß ich das Diäten-Urteil des Bundesverfassungsgerichts für prozessual schlechthin unhaltbar halte, da hier über eine Sache entschieden worden ist, für die kein Antrag gestellt war. Diese Machtanmaßung des Bundesverfassungsgerichts, die im Gegensatz zu vielen Entscheidungen steht, in denen Verfahrensfragen fast übermäßiges Gewicht beigelegt worden ist, bedaure ich außerordentlich. Die Frage der Antragsbefugnis und des durch den Antrag begrenzten „Streitgegenstandes", – diesen Ausdruck cum grano salis verstanden –, sind von zentraler Bedeutung gerade auch für unser Thema.
Am Rande dazu ein Blick auf die Landesverfassungsgerichtsbarkeit. Es ist ja erstaunlich, daß Bayern die Popularklage kennt, und der Bayerische

Verfassungsgerichtshof damit fertig wird, daß jedermann einen Antrag stellen kann, eine Verordnung oder ein Gesetz wegen Verletzung der in der Landesverfassung garantierten Grundrechte für ungültig zu erklären. Das gibt es auf Bundesebene nicht, und ich zitiere aus einer Entscheidung des Bundesverfassungsgerichts (BVerfGE. 49 S. 1,7 f): „Gerade bei Verfassungsbeschwerden gegen ein Gesetz bedarf es im Hinblick auf den Grundsatz der Gewaltenteilung einer strengen Prüfung, wann im einzelnen das nicht zuletzt auch für die Wahrung der verfassungsrechtlichen Grundzuständigkeiten geschaffene Verfahrensrecht dem Bundesverfassungsgericht die weittragende Prüfungsbefugnis über Akte der Rechtssetzung eröffnet. Weder das Grundgesetz noch das Gesetz über das Bundesverfassungsgericht kennen eine „Popularklage" des Bürgers. Hier wird also mal wieder gesagt: Vorsicht, die Gewaltenteilung müssen wir sehr streng beachten!

Sodann möchte ich die Frage des *Gutachtens* anschneiden, die Herr Schäfer in seinem Referat berührt hat. Ich war ja noch im Bundesverfassungsgericht, als es den großen Streit um das Plenargutachten im Jahre 1952 gab. Vielleicht erinnern sich nicht alle an diese Vorgänge, die wirklich das Verhältnis von Recht und Politik bei Verfahrensfragen im Sinne von Herrn Zeidler betreffen. Ich möchte sie in die Erinnerung zurückrufen. Es ging um den Europäischen Verteidigungsvertrag. Ein vorbeugender Normenkontrollantrag der SPD-Fraktion war an den 1. Senat gegangen; der Bundespräsident ersuchte um ein Gutachten, für das das Plenum zuständig gewesen wäre; Normenkontrollantrag vom 1. Senat als derzeit unzulässig verworfen; Organstreit der Bundestagsmehrheit gegen Bundestagsminderheit, die ihr das Recht auf Verabschiedung des Zustimmungsgesetzes mit einfacher Mehrheit bestreite, beim Zweiten Senat anhängig gemacht; Normenkontrollantrag der Opposition beim ersten Senat nach Verabschiedung des Gesetzes stand bevor. In dieser Situation beschloß das Plenum mit 20 gegen 2 Stimmen, daß das von ihm zu erstattende „Gutachten" für die „Entscheidungen" der beiden Senate in dieser Sache verbindlich sein müsse. Es wäre ja ein Nonsens gewesen, wenn etwa das Plenum in seinem Gutachten zu dem Ergebnis gekommen wäre, der EVG-Vertrag sei mit dem Grundgesetz vereinbar, und dann der 1. Senat im Normenkontrollverfahren entschieden hätte, er sei verfassungswidrig. Der Beschluß des Plenums wurde, – was an sich nicht nötig gewesen wäre – zu Beginn eines großen Hearings, das vor dem Plenum geplant war, verkündet, woraufhin der Vertreter der Bundesregierung um Unterbrechung der Sitzung bat, mit Bonn telefonierte und der Bundespräsident veranlaßt wurde, den Gutachtenauftrag zurückzunehmen. Das ist dieser Hintergrund von „Recht und Politik", kraft dessen dann der Paragraph über das Gutachten aus dem Gesetz gestrichen wurde. Ich möchte nun Herrn Schäfer zustimmen. Auch ich halte das Gutachten – in gewissen Grenzen – für eine gute Einrichtung. Die Sachkenner unter Ihnen wissen, daß ich zu den wenigen Staatsrechtslehrern gehöre, die das materielle Prüfungsrecht des Bundespräsidenten ablehnen; Herr Bundespräsident Carstens hat übrigens neulich vorsichtig etwas Ähnliches gesagt. Nach meiner Meinung wäre es sehr zweckmäßig, wenn nicht der Bundespräsident in der

Lage wäre, einem Gesetz wegen Verfassungswidrigkeit die Ausfertigung und Verkündung zu verweigern, sondern wenn er genötigt wäre, bei Bedenken vom Bundesverfassungsgericht ein Gutachten zu erbitten. Das wäre dann allerdings nicht eigentlich ein „Gutachten", sondern eine verbindliche antizipierte Normenkontrolle. Man sollte also diesen Gutachten-Vorschlag von Herrn Schäfer nicht von vornherein verwerfen. Ich möchte auch da wieder auf Bayern verweisen, wo die Minderheit des Parlaments während des Gesetzgebungsverfahrens das Recht hat, den Verfassungsgerichtshof anzurufen und ihm die Frage zur Entscheidung vorzulegen, ob ein Gesetzentwurf verfassungsändernden Charakter hat.

Erlauben Sie mir noch zwei Bemerkungen:
Ich fand es sehr gut, daß Herr Präsident Bischoff auf das Problem der Macht im Staat hingewiesen hat. In einer meiner ersten literarischen Äußerungen zur Verfassungsgerichtsbarkeit habe ich auch diese Frage, wie sie heute von Herrn Quaritsch formuliert worden ist, gestellt, warum denn nun das Verfassungsgericht das letzte Wort haben soll. Ich habe damals gemeint und meine das auch noch heute, daß es eben das Vertrauen in die Richter als die machtlosen Repräsentanten des Rechtes sei. Daß Sie, Herr Bischoff, dieses Moment der Machtlosigkeit erwähnt haben, finde ich ausgezeichnet. Um so weniger aber kann ich verstehen, daß Sie den Verfassungsrichtern eine politische Führungsaufgabe zuweisen. Hier scheint mir wieder dasselbe Wort in verschiedener Bedeutung gebraucht zu werden, wie bei Herrn Zeidler das Verhältnis von Recht und Politik. Betrachte ich die Verfassung als Ganzes und frage, welche Organe und Elemente die politische Situation insgesamt beeinflussen, dann muß ich natürlich auch das Bundesverfassungsgericht erwähnen, aber ihm kommt dann doch nur eine passive Rolle in diesem Ensemble zu, während man unter „politischer Führung" im allgemeinen doch nur eine aktive Rolle versteht. Deshalb meine ich, sollte man im Sinne aktiver Gestaltung dem Bundesverfassungsgericht doch nicht eine politische Führungsaufgabe zusprechen.

Und schließlich, wenn Herr Quaritsch gemeint hat, warum sollen 8 Richter – Herr Dichgans würde sagen 5 gegen 3! – „klüger" sein als die Hunderte von Parlamentariern, so scheint mir das Wort „klüger" den Sachverhalt nicht zu treffen. Ich glaube, es geht gar nicht um größere „Klugheit"; es gibt doch unendlich viele Fälle, in denen der Gesetzgeber die verfassungsrechtliche Frage gar nicht so intensiv geprüft hat, wo sich überraschenderweise viel später herausgestellt hat, daß da auch eine verfassungsrechtliche Frage drinsteckte. Das Parlament entscheidet primär unter den von Herrn Quaritsch entwickelten Gesichtspunkten der Interessenlage usw. Die Verfassungsrichter wollen nicht „klüger" als die Parlamentarier sein, sondern sie haben ja nun die Verantwortung dafür zu tragen, ob das, was die Parlamentarier gewollt haben, um gewisse Interessenfragen zu lösen, mit der Verfassung im Einklang steht. Es geht um zwei ganz verschiedene Verantwortlichkeiten, die wahrgenommen werden müssen.

Zeh

Ich hatte, meine sehr verehrten Damen und Herren, um's Wort gebeten, um wieder stärker auf die beiden Referate des Vormittags zuzugehen. Das ist nun schon begonnen worden. Ich wollte es tun durch ein Gegeneinanderhalten der beiden Referate an einem wie mir scheint wesentlichen Punkt, ein Vorhaben, das mir umso leichter fällt angesichts des Satzes, den Sie, Herr Professor Roellecke, gesprochen haben, wonach Grenzen ja nicht nur Elemente trennen, sondern sie auch verbindend aufeinander beziehen.

Die Stelle, an der ich die beiden Referate gerne ein wenig vergleichen möchte, ist die Frage, welche Grundposition zu inhaltlichen, zu werthaften Fragen der Verfassung sie einnehmen. Ich darf sinngemäß zitieren: In der Darstellung von Professor Schäfer wird betont, die Verfassung sei mehr als ein Organisationsstatut, es wird mehrfach der Begriff der Verfaßtheit, der gesellschaftlichen Verfaßtheit gebraucht, es wird von der Dynamik der Verfassungsentwicklung gesprochen. Demgegenüber wird im Referat von Herrn Professor Roellecke davon gesprochen, daß die Verfassung in erster Linie nun doch ein Organisationsstatut, eine Art Schiedsordnung für die Sicherung der Kommunikation der drei Gewalten darstelle, und daß deshalb nicht von einer zweiten Kammer entschieden werden könne, was hier zu entscheiden ist, sondern eben von etwas Schiedsgerichtähnlichem: dies sei die Rolle des Bundesverfassungsgerichts. Ich habe nicht vergessen, daß Sie die Grundrechte mit hineinnehmen; sie sind aber doch, wenn ich es recht verstanden habe, nur das nach außen Gekehrte dieses verfahrensbezogenen Verfassungsgeständnisses. Hier werden die verschiedenen gesellschaftlichen Subsysteme und ihre Interessen und Wünsche wiederum nur verfahrensbezogen adaptiert. In diesen beiden Ansätzen scheint ein ziemlich fundamentaler Unterschied zu liegen. Ist aber wirklich der Konflikt, der ja immer wieder auflebt zwischen Gesetzgebung und Verfassungsrechtsprechung, ganz zu erklären aus diesem schiedsgerichtsordnungsartigen Verfahrensverständnis der Verfassung? Oder geht es in Wirklichkeit nicht doch immer wieder um Wertfragen, die hier streitig werden? Und ließe sich der Streit zureichend erklären aus der Annahme, daß es nur darum gehe, die Dinge gewissermaßen am Laufen zu halten, die Problemverschiebungs- und Zeitverschiebungsbedürfnisse, auf die Sie verwiesen haben, irgendwie zu befriedigen?

Mir scheint, daß dieses stark auf die Theorie von Niklas Luhmann gegründete Modell allzu wertneutral operiert. Die Frage ist: Funktioniert das Instrument eigentlich in jedem politischen System, das nur irgendwie Gewalten teilt? Wenn es so wäre, dann würde ja der Bereich des über die Verfahrensordnung hinausgehenden Wertkonsenses zu Beginn dieser Verfassung 1949 doch sehr infrage gestellt.

Nun ist es aber überraschenderweise so, daß trotz dieses von mir vermuteten fundamental verschiedenen Grundverständnisses beide Autoren doch zu einer ähnlichen Haltung kommen in der Frage, welche Rolle der Verfassungsrechtsprechung zugewiesen werden kann. Beide sind nämlich nicht darauf gekommen zu sagen, wir grenzen irgendwo ab, political-self-restraint oder gar political-question doctrin; es ist in beiden Vorträgen gar nicht nach Kompetenzen gefragt worden. Im Modell von Herrn Professor Roellecke scheint mir die Frage deshalb nicht wirklich schwierig zu werden, weil man sich nicht um Werte streitet, sondern nur um das Flüssighalten des Kommunikationsprozesses, so daß die ganze Diskussion um die Rolle des Verfassungsgerichts stark entdramatisiert erscheint, und im Modell von Herrn Professor Schäfer scheint es mir so zu sein, daß durch die Vorstellung einer dynamischen Entwicklung dieser Verfaßtheit, an der ja nach seinem Begriff der politischen Führung mehr Kräfte beteiligt sind als nur die Administration und auch nicht nur das politisch administrative System in Herrn Lumanns und Herrn Roelleckes Sinne: daß durch dieses dynamische Element sich das Verfassungsgericht mitbewegen muß in der sich wandelnden Verfaßtheit. Die Möglichkeit für das Verfassungsgericht, Autorität zu wahren und gültig Recht zu sprechen, wird nur dadurch abgestützt, daß auch das Gericht von diesem sich in der Zeit wandelnden dynamischen Prozeß seinerseits geprägt wird. Auch von diesem Gedanken her dürfte das Problem der Kompetenzabgrenzung zwischen Gesetzgebung und Verfassungsrechtsprechung ansatzweise ebenfalls entschärft sein.

Schäfer

Ich bedaure, daß ich die ersten Diskussionsbeiträge nicht hören konnte; Sie wissen, ich war abgehalten. Ich darf vielleicht ein bißchen weiter ausholen, um dann auf die einzelnen Beiträge einzugehen.

Die Verfassung muß grundsätzlich vom Volk verabschiedet sein und ich halte es für gut, daß in einigen Landesverfassungen die Bestimmung steht, daß Änderungen nur durch das Volk möglich sind. Ich möchte mir wünschen, – und das nach den Anfangsschwierigkeiten mit den Geburtswehen, die das Grundgesetz im Zusammenhang mit der besonderen Situation durch die Besatzungsmächte hatte –, daß wir im Bund auch eine solche Bestimmung hätten, nämlich daß die Verfassung nicht mit 2/3-Mehrheit des Bundestages und des Bundesrates weiterentwickelt werden kann, sondern mit der Mehrheit des Volkes. Dadurch würde ein enormer und wohltuender Zwang entstehen, die Verfassung so weiterzuentwickeln, daß sie neuen Anforderungen gerecht wird. Ich sage neue Anforderungen. In meinem Referat habe ich zum Beispiel auf Datenschutz hingewiesen. An Datenschutzprobleme konnte man 1949 nicht denken. Ich bin dagegen, daß man einen besonderen Artikel in das Grundgesetz aufnimmt, ich bin dagegen. Ich halte das für eine positivistische falsche Auffassung einer Verfassung. Ich bin der Auffassung – und ich persönlich habe es, soweit ich kann, geprüft -, daß die Lösungen bereits in unserer Verfassung enthalten sind. Denken Sie z.B. an einen Bankier. Einerseits kann er sich gegen Betrüger durch das Sammeln von Daten schützen, andererseits darf er nicht zu weit in die Persönlichkeitssphäre eingreifen durch Datenverbund. Als wir das Datenschutzgesetz unter meinem Vorsitz gemacht haben, war das so schwierig, daß wir etwas getan haben, was wir noch nie vorher getan

haben und seither auch nie wieder getan haben – leider. Als wir nämlich
fertig waren mit der Beratung des Gesetzentwurfs und er vorlagereif war
fürs Plenum, haben wir noch einmal ein juristisches und technisches
Hearing gemacht. Das war gar nichts anderes, als daß wir uns vergewissern
wollten: bewegt sich nun das, was wir hier auf dem Neuland machen, im
Rahmen der Verfassung? Ist das ein geeignetes Mittel?

Das Gesetz ist mit breiter Mehrheit verabschiedet worden, aber das ist
nicht die Frage, ob breit verabschiedet oder nicht, Herr Kruis. Ein Gesetz
kann verfassungswidrig sein, auch wenn es vom ganzen Bundestag verabschiedet wurde, das billige ich so nicht und ich hoffe, daß ich Sie mißverstanden habe, ich hoffe es, wenn ich mir hier notiert habe, daß der Spruch
des Gerichts dazu führen soll, daß die Entscheidung des Parlaments auf
breitere Basis gestellt werden soll. Nein, auch da bin ich dagegen. Sehen
Sie, wir hatten eine Beratung, ein Gespräch vielmehr mit Verfassungsrichtern vor einem halben Jahr und da sagt einer der Herren „ja, dann hätten
Sie ja einen Artikel ins Grundgesetz einfügen können", woraufhin ich sagte, „das ist die schlimmste Antwort, die ein Verfassungsrichter überhaupt
geben kann". Wie wenn damit Recht geschaffen würde, daß wir die Verfassung mit 2/3-Mehrheit opportunistisch ergänzen, und darum handelt es
sich.

Viel schwieriger ist die Frage zum Beispiel beim Umweltschutz, wo ganz
andere Rechtspositionen geschaffen werden. Ich habe in meinem Referat
versucht, etwas darauf hinzuweisen. Und hier bin ich froh, daß Herr Friesenhahn auf die Frage des Gutachtens noch einmal hingewiesen hat, nicht
in dem Zusammenhang, aber über Gutachten überhaupt.

Ich bin nicht der Meinung, Herr Rupp, daß Sie dem Gesetzgeber gerecht
geworden sind, in dem, was ich bei Ihnen hören konnte. Nun, sehen Sie, ich
mache das jetzt 23 Jahre, ich habe es in der Opposition gelernt und ich habe
es dann ein paar Jahre als Staatssekretär praktizieren dürfen und 10 Jahre
als Stellvertreter Fraktionsvorsitzender, durch mich läuft in der SPD-
Fraktion so ziemlich alles durch. Sie haben nicht – entschuldigen Sie, ich
muß das in aller Offenheit sagen – die Arbeitsmethodik und die durch den
Bundestag hindurchwirkenden Kräfte so dargestellt, wie sie sind. Es ist auch
nicht richtig, wenn Sie Herrn Zweigert zitieren, daß hinter dem einen mehr
Macht stehe wie in der Familiengesetzgebung, meine Damen und Herren,
weit gefehlt. Dort, wo wir Gesetze machen, die nicht materiellen Ausgleichs sind, sind wir Abgeordneten in viel viel größerer Schwierigkeit, in
der Sorge, die Entwicklung einzufangen, ohne dem Zeitgeist zu erliegen, in
der Sorge, die Entwicklung richtig zu kanalisieren, mit den bewegenden
Kräften der Kirche und der großen Gesellschaftsgruppen. Abende lang zu
ringen, Abende lang, meine Damen und Herren, und darüber geben beide
Seiten keine Kommuniques heraus, und das sind die wichtigsten und ent-
scheidendsten Unterredungen, nicht diejenigen, bei denen jeder gleich
meint, jetzt müsse er einiges dazu gesagt haben. Nehmen Sie mal auf ar-
beitsrechtlichem Gebiet, dort wo das Bundesarbeitsgericht, ja viele
Arbeitsgerichte kleine Pflöckchen einschlagen, denn das ist das Gebiet,
das weitgehend mit Rechtsprechung vorbereitet wird, damit der Gesetzgeber dann auf diesem vorbereiteten Feld arbeiten kann und Entschei-

dungen treffen kann. Glauben Sie, das Betriebsverfassungsgesetz sei von ungefähr gekommen? Das ist vorbereitet, in der Entwicklung, die Entwicklung ist reif geworden. Das hätte vor 15 Jahren so nicht entschieden werden können vom Bundesgesetzgeber. Natürlich, das ist nun mal das Geschäft der Parteien, der Gewerkschaften und der Wirtschaftsgruppen, daß wir auf die Entwicklung Einfluß nehmen. Alles das ist politische Führung.

Ich bin froh über das, was Herr Zippelius sagte und ich hoffe, daß ich ihn richtig verstanden habe, die Verfassung vom Volke verabschiedet heißt dann, daß jedes Organ seine adäquate Aufgabe zu erfüllen hat. Wenn es zu dem kommt, Herr Zippelius, was Sie sagten, zu einer Konfrontation zwischen Gerichten und Gesetzgeber, dann hat das Gericht schon falsch gehandelt, dann liegt das Gericht auf der falschen Ebene. Ich hoffe, daß das nicht geschieht. Ich sage jetzt als Parlamentarier – das war ja wohl meine Aufgabe –, daß wir uns klar sein müssen, daß wir uns im Rahmen der Verfassung bewegen wollen. Wir wollen eine Frage innerhalb der Verfassung regeln und diesen guten Willen bitte ich jedem zunächst zuzugestehen, daß er sich darum bemüht. Zur politischen Führung gehört auch die Opposition, und die Opposition kann nicht das Gericht anrufen, wenn sie eine Entscheidung für falsch hält, sondern mit der Begründung, daß diese Entscheidung, diese Lösung sich nicht innerhalb des Grundkonsenses der Verfassung bewegt, nur das.

Herr Bischoff, wenn Sie dann von politischer Führungsaufgabe sprechen, dann könnte das nur in sehr weitem Sinne bedeuten, daß das Gericht mit dazu beiträgt, daß die politischen Entscheidungen sich innerhalb der Verfassung halten, aber ich befürchte, daß die Benutzung des Begriffes „politische Führung" für das Gericht zu Mißdeutungen führen wird und die Abgrenzungen noch schwieriger macht.

Herr Quaritsch, Sie haben doch so viele Erfahrungen im Parlament gesammelt, so sehr schielen wir nicht auf den Wahltag, das passiert auch, natürlich, und natürlich versucht man, bis zum Wahltag Rede und Antwort stehen zu können und Rechenschaft geben zu können über das, was man zu Beginn der Wahlperiode in Aussicht genommen hat. Das ist legitim und das ist richtig und das ist schwer und das kann der Bürger von uns erwarten. Von daher gesehen bitte ich das, was Sie gesagt haben, bitte in eine quantitative Rangordnung zu bringen und nicht in eine qualitative, die und die Dinge müssen wir noch erledigen, das haben wir versprochen. Das schließt dann möglicherweise in sich ein, daß das eine oder andere nicht erledigt ist. Das ist durchaus möglich, aber ich bin Ihnen dankbar, daß Sie von Generationen sprachen, Herr Quaritsch, und Ihr Beispiel mit den Vereinen: wir brauchen gar nicht zu den Vereinen gehen, wir können im öffentlich-rechtlichen Raum bleiben. Sehen Sie, das scheint mir das entscheidende Kriterium, ich habe zum Schluß meines Referates gesagt, ich darf hier noch einmal wiederholen: Wir haben eine befriedigende Entwicklung in diesen 30 Jahren genommen, wir brauchen die hohe Autorität, die nicht angeschlagene Autorität des Verfassungsgerichts für unsere politische Weiterentwicklung. Die brauchen wir und die braucht der Politiker, um im Rahmen dieser Verfassung wirken zu können. Deshalb muß das Gericht sich darauf beschränken, so wie beim Urteil über das Mitbestimmungsgesetz, daß es die Prognose dem Gesetzgeber überläßt, wobei das Gericht dann ganz richtig sagt, aber du Gesetzgeber kannst jetzt nicht ein für allemal davon ausgehen, die Umstände können sich ändern. Niemand anders kann für das Gericht hier handeln, daß es über Dinge Recht spricht mit Gesetzgebungskraft, über Dinge, die nach allen normalen menschlichen Vorstellungen Veränderungen unterworfen sind. Eine Verfassung langfristig auszulegen, verbietet, Entscheidungen zu treffen, die in 10 Jahren überholt sind. Wir wollen, wir brauchen eine langfristige stabile Verfassungsauslegung und -anwendung, die in das Bewußtsein der Bevölkerung eingeht. Die Politiker werden und müssen sich im Rahmen der Verfassung halten und das Gericht wacht nur darüber. Es ist kein Superparlament. Sie wissen, daß wir einige Zeit lang Sorgen hatten und ich freue mich, daß die Herren des Bundesverfassungsgerichts in die Diskussion eingetreten sind und daß sie auch anerkennen, daß die Urteile des Bundesverfassungsgerichts öffentlich zur Diskussion stehen. Ich glaube, Herr Zeidler, das haben Sie nie in Zweifel gezogen. Sie müssen öffentlich zur Diskussion stehen, wenn sie in der ganzen Bevölkerung aufgenommen und getragen sein wollen.

Ich habe am Schluß meines Referats gesagt, wir Parlamentarier wollen nicht superempfindlich sein, wenn wir uns da mal etwas sagen.

Wir müssen herunter von dem Begriff des Obsiegenden und des Unterlegenen in Verfassungsgerichtsstreitigkeiten. Wir dürfen nicht als Unterlegene gelten, wenn man uns mit der Autorität des Gerichts sagt, da habt ihr etwas gemacht, so ist das nicht richtig. Natürlich habt Ihr Euch Gedanken gemacht, natürlich habt Ihr geprüft im Rahmen Eures Möglichen, natürlich habt Ihr, Ihr habt ja die Mehrheit, Ihr habt ja die Regierung, mit dem ganzen Apparat geprüft. Ich bitte das nicht zu vergessen, ein Gesetz wird nur verabschiedet, wenn die Mehrheit zustimmt und die Mehrheit verfügt über den ganzen Regierungsapparat. Das darf man doch nie vergessen, nicht wahr. Nur wenn wir zustimmen von der sozial-liberalen Koalition, kommt ein Gesetz zustande und natürlich sagen wir dann zwischendurch zu unseren Ministern, geht mal in Eure Ressorts und prüft das, so daß einige Sicherheit drin ist, daß man nicht im wilden Gestaltungswillen die Grenzen überschreitet. Das ist es nicht und trotzdem sage ich, wir müssen herunter von dem Sieger und Besiegte sein. Da könnte Gutachten eine Hilfe sein, trotzdem muß man das sehr sorgfältig überlegen. Ich wünsche mir sehr nachdrücklich, daß das Gericht alles tut, um seine Autorität nicht in Zweifel kommen zu lassen, daß das Gericht alles tut, daß die Verfassung so weiterentwickelt werden kann, wie sie in ihrer Gesamtkonzeption das ergibt, und wir von der politischen Führung, zu der ich mich zählen darf, wir von der politischen Führung müssen unseren Willen zum politischen Gestalten eben manchmal auch danach ausrichten, was diese Verfassung als möglich bezeichnet. Sie gibt enorm viel Möglichkeiten und man kann, wenn das Gericht sich auf seine Grenze zurückzieht, von der politischen Führung der Aufgabe, die uns gestellt ist, gerecht werden.

80

Sie werden mir sicher nachsehen, wenn ich nicht auf jeden einzelnen Diskussionsbeitrag eingehe. Die Beiträge enthielten so viele Gesichtspunkte, daß ich mich auf das Grundsätzliche beschränken muß.

Ich möchte an das Wort von Präsident Benda anknüpfen, Recht und Politik seien unterschiedliche Aggregatzustände derselben Sache. Das war auch der Ausgangspunkt meiner Überlegungen. Aber wenn man diese Formel verwendet, muß man fragen: Was ist eigentlich die Sache, von der Recht und Politik dasselbe sind? Und wodurch unterscheiden sich die Aggregatzustände „Recht" und „Politik"?

In meinem Vortrag habe ich die Sache von „Recht" und „Politik" abstrakt den „Problemlösungsdruck" genannt, dem sich die drei Staatsgewalten gegenübersehen. Ich habe mit den Druck zur Lösung politischer Probleme angesetzt, weil er keine Vorentscheidungen verlangt und ganz allgemein, das heißt für alle Bürger gilt. Als radikaler Demokrat meine ich auch, daß wir nur eine Theorie der Verfassung und der Verfassungsgerichtsbarkeit akzeptieren dürfen, die alle Bürger, das sind nicht 25 oder 50, sondern 100% der Bürger berücksichtigt.

Wenn man dann aber fragt: wie werden *alle* Bürger in den Staat integriert?, stößt man sofort auf die Schwierigkeit, daß alle Menschen ihre eigenen, prinzipiell gleichberechtigten, aber verschiedenen Gedanken, Überlegungen, Wünsche und Interessen haben. Da wir aber nicht alle individuellen Wünsche und Interessen gleichzeitig berücksichtigen können, müssen wir, wenn wir überhaupt zu Entscheidungen kommen wollen, aussondern. Wir müssen bestimmte Wünsche und Interessen, wo auch immer im politischen Prozeß, wenn nicht unterdrücken, so doch verdrängen. Eine andere Möglichkeit sehe ich nicht.

Daraus folgt eine wichtige Konsequenz: Man kann die Geltung einer Verfassung nicht mit irgendeinem Konsens begründen. Und es nützt nichts, ihn immer wieder zu beschwören. Realiter gibt es diesen Konsens nicht, realiter sind immer ein paar Leute dagegen. Ich darf nur an das Radikalenproblem erinnern, aber auch daran, daß es in diesem Lande immer noch einige Faschisten gibt, denen – horribile dictu – der Schutz unserer Verfassung gleichwohl zugute kommt. Auch ein alter Faschist kann nicht einfach, weil er noch Nationalsozialist ist, in ein Gefängnis gesteckt werden. Ein solches Gefängnis wäre ein Konzentrationslager, und Konzentrationslager wollen wir nicht haben.

Unter der Voraussetzung, daß eine Verfassungstheorie alle Bürger einbeziehen muß, kann man die Geltung einer Verfassung auch nicht mit „Werten" begründen. Bei der Diskussion der letzten 15 Jahre habe ich mich immer darüber gewundert, daß die juristische Dogmatik die Existenz von Werten als selbstverständlich unterstellt, obwohl die Philosophie von „Werten" eigentlich nur noch sagt, sie ließen sich erkenntnistheoretisch nicht begründen. Aber auch, wenn man von philosophischen Bedenken absieht: Wenn mit Werten etwas gemeint ist, dem eigentlich alle zustimmen müßten, dann muß man entweder dieses Zustimmungsverlangen begründen oder annehmen, „im Grunde" stimmten alle zu. Begründungen soll die Berufung auf Werte aber gerade überflüssig machen. Und daß „im Grunde" alle zustimmen, kann man realistischerweise nicht annehmen. Auch einen „Grundkonsens" gibt es als Faktum nicht. Das ist der Grund, aus dem ich meinte, einen anderen Weg beschreiten zu sollen. Politik habe ich zunächst als Problemaussonderungssystem verstanden. Den Unterschied zwischen Recht und Politik habe ich unter dem Aspekt der möglichen Rechtsänderung zu konstruieren versucht. Das entspricht einem Erfordernis unserer Zeit. Hinter dem Verlangen nach Fortschritt, nach Änderung, nach Entwicklung steht mehr als der Wunsch nach mehr Wohlstand. Dahinter steht das Bewußtsein, daß „Änderung" eigentlich das einzige ist, mit dem wir sicher rechnen können. Aus diesem Bewußtsein, daß nichts so sicher ist wie die Änderung, kann auch die Verfassungstheorie nicht ohne weiteres herausspringen.

Ich meine also, man müßte das Problem des Verhältnisses zwischen Recht und Politik unter dem Aspekt der Rechtsänderung lösen. Auf diese Weise bin ich zu den Unterscheidungen gekommen, die ich heute morgen vorgetragen habe. Ich gebe zu, daß ich mit meinen Überlegungen noch am Anfang stehe, hoffe aber, daß sich die Möglichkeit bietet, noch einmal darüber zu sprechen. Ich danke Ihnen sehr für's Zuhören und für die Diskussion.

Stern

Der Stellvertretende Vorsitzende der Freiherr-vom-Stein-Gesellschaft hat mir als Diskussionsleiter die Aufgabe zugewiesen, gewissermaßen den Versuch einer Zusammenfassung unserer Referate und unserer Diskussionen vorzunehmen.

Ich meine, diese Aufgabe zu diesem Thema ist fast eine Quadratur des Kreises. Wenn ich den Versuch unternehme, einige gemeinsame Grundlinien zusammenzufassen, von denen ich glaube, daß sie sowohl in den Referaten als auch in allen Diskussionsbeiträgen durchgedrungen sind, so deshalb, weil ich überzeugt bin, daß wir hier ein Thema besprochen haben, das von Anbeginn an, seit es Verfassungen gibt, seit es eine Gerichtsbarkeit gibt, die über Verfassungen zu judizieren hat, von so großer, von so elementarer Bedeutung für jeden Staat ist. Es ist nicht umsonst beschworen worden die amerikanische Konzeption, die französische Konzeption, ja es ließe sich auch in der deutschen Geschichte nachforschen und die Feststellung treffen, daß irgendwie der Richter, der über Machtfragen, der über politische Fragen, über Verfassungsfragen zu entscheiden hat, im alten deutschen Reich eine ganz besondere Stellung in der Hand hatte, auch davon war die Rede.

Nun der Sprung von diesen alten Gerichten des deutschen Reiches zum Bundesverfassungsgericht oder – wir müssen auch erwähnen – zu den Vorläufern des Bundesverfassungsgerichts, und da meine ich die Landesverfassungsgerichte, nicht zuletzt in diesem Staat hier, ist groß. Diese Gerichte haben einen ganz wesentlichen Beitrag dazu geliefert, daß 1948/49 der Parlamentarische Rat, und zwar in allen Parteien übereinstimmend und mit großer Mehrheit, sich für eine gerichtliche Kontrolle der Verfassung entschieden hat, also für eine Verfassungsgerichtsbarkeit, die als Hüter der Verfassung eingesetzt ist, und zwar in Rückwirkung auf die Zeit des Nationalsozialismus, aber auch in Rückwirkung auf die Zeit in der Weimarer Verfassung, wo eine ganz andere Konstruktion des Hüters der Verfassung gewählt war. Mit dieser Entscheidung war aber zugleich auch ein gewisser Grundzug – beides steht ja in untrennbarem Zusammenhang – unserer Verfassung wiedergegeben, die eine ganz spezifische Form der Verrechtlichung gefunden hat, wohl in einer Form, die mit der in anderen Staaten nicht übereinstimmt. Herr Zeidler, sie haben mit Recht Dänemark angesprochen; man kann natürlich demgegenüber Österreich und Italien, also Staaten, die eben in einer ganz besonderen Situation vor 1945 gewesen sind, erwähnen. Die deutsche Entscheidung, die bewußt getroffen ist, hat zu einer Verfassungsgerichtsbarkeit geführt, von der wir alle, wie ich meine, – und nicht umsonst ist angeklungen die hohe Wertschätzung, die die Verfassungsgerichtsbarkeit in unserem Staate gefunden hat – überzeugt sind, daß daraus eine Rechtsprechung erwachsen ist, die in wesentlichen Fragen an der Bewahrung des Grundkonsenses Anteil hat, jenes Grundkonsenses, der in unserer Verfassung für alle politischen Gruppierungen, ja für alle Bürger getroffen ist, nämlich der Entscheidung für eine freiheitliche demokratische Grundordnung, für einen sozialen Rechtsstaat und für einen Bundesstaat. An dieser Entscheidung haben das Bundesverfassungsgericht und die Landesverfassungsgerichte in unserem Staat in hervorragender Weise mitgewirkt. Ich bin sehr froh, Herr Kollege Schäfer, daß Sie noch einmal zum Schluß betont haben, daß die Autorität des Verfassungsgerichts auch für die Politiker von Wichtigkeit ist; sie ist es nicht nur für die Politiker, sondern für jeden Bürger im Staat zur Erhaltung dessen, was unsere Verfassung für jedermann bedeutet.

Professor Dr. Laux
Vizepräsident der Freiherr-vom-Stein-Gesellschaft

Meine sehr verehrten Damen und Herren, wenn Gustav Stein heute hier stehen würde, dann würde er sich gefreut haben über die Lebhaftigkeit der Tagung, über das Niveau der Referate und der Diskussionsredner. Er würde ein Schlußwort aus großer politischer Erfahrung und mit väterlicher Würde gehalten haben und da ich über beides nicht verfüge, versage ich es mir.

Mir bleibt nur übrig einen kurzen Dank zu sagen, Dank noch einmal an die gastliche Stadt Nürnberg, die uns hier Freude bereitet hat, Dank an die Teilnehmer und die Diskutierenden, den Dank an die Referenten, Dank Ihnen, Herr Hoffmann, für die undankbare Aufgabe des Vorlesens. Damit möchte ich die Tagung schließen und Ihnen eine gute Heimreise wünschen.